WALTER ZIMMERMANN

KAUM ZEIT ZU LEBEN

novum pro

www.novumverlag.com

Bibliografische Information
der Deutschen Nationalbibliothek:

Die Deutsche Nationalbibliothek
verzeichnet diese Publikation in
der Deutschen Nationalbibliografie.
Detaillierte bibliografische Daten
sind im Internet über
http://www.d-nb.de abrufbar.

Alle Rechte der Verbreitung,
auch durch Film, Funk und Fernsehen,
fotomechanische Wiedergabe,
Tonträger, elektronische Datenträger
und auszugsweisen Nachdruck,
sind vorbehalten

Gedruckt in der Europäischen Union
auf umweltfreundlichem, chlor- und
säurefrei gebleichtem Papier.

© 2022 novum Verlag

ISBN 978-3-99131-440-0
Lektorat: Melanie Dutzler
Umschlagfoto:
Fosterss | Dreamstime.com
Umschlaggestaltung, Layout & Satz:
novum Verlag

www.novumverlag.com

INHALTSVERZEICHNIS

Kaum Zeit 9
Lebenserwartung 10
Sorgen 11
Wünsche 12
Bedeutung 12
Zeitexistenz 14

Unser Leben 17
Unsere Bestimmung 17
Vergangenheit 19
Gegenwart 20
Zukunft 22

Lebensabschnitte 26
Kindheit 26
Jugend 27
Erwachsen 28
Arbeitsleben 28
Pensionierung 30
Grenzbereiche 31

Lebenszyklen 32
Unsere Entwicklung 33
Übergänge des Lebens 33
Jahrsiebte 35
Der 7-Jahres-Zyklus 36
Der 11-Jahres-Zyklus 36
Der 18-Jahre-Zyklus 37
Übersicht 37

Möglichkeiten 39
Leistungsfähigkeit 39
Körperlich 40
Mental 41
Integrativ 42
Aufbau und Erhalt 44
Grenzen 45
Ruhe und Erholung 46
Positive Einstellung 47
Verantwortung übernehmen 48
Wahrnehmung 49
Gefühl 55
Zeitmessung 56

Veränderung 58
Das Wesen Veränderung 61
Beim Menschen 63
In der Gesellschaft 64
Die Multioptionsgesellschaft 65
Veränderungen in der Kommunikation 67
Veränderungen der Technologie 68

Umgang mit Veränderungen 70
Strategien im Umgang mit Veränderungen 71
Stabilität 73
Minderwertigkeit 75

Hindernisse 76
Zu viele Bedürfnisse 78
Zwingend 79
Freiwillig 82
Triebe 84
Lustgewinn und Schmerzvermeidung 85
Informationsflut 88
Widerstand gegen die Zeit 90
Unruhe 91

Ungünstige Priorisierung 91
Bewegung 93
Rekordsucht 94
Unruhe 96
Loslassen 100
Verzettelung 101
Fehlendes Bewusstsein 102
Entschleunigung 103
Konsequenzen 104
Zeitdiebe 105
Der Psychovampir 108
Der Irrtum Zeiteinsparung 113

Mehr Zeit zu leben 114

KAUM ZEIT

Isaac Newton war schon vor 350 Jahren überzeugt, dass Zeit niemandem erklärt werden muss. Er nahm an, dass jeder Mensch weiß, was Zeit ist. Doch weit gefehlt, Zeit ist und bleibt ein Mysterium für uns Menschen.

Willkommen zu diesem Buch, das uns unsere Lebenszeit näherbringen will. Genießen wir die uns zur Verfügung stehende Zeit auf dieser, zumindest zur aktuellen Zeit noch, wunderschönen Erde. Gehen wir bewusst mit der kostbaren Lebenszeit um und machen wir das Beste daraus, wobei das Beste nicht der umfassende Verkauf dieser Zeit sein soll.

Machen wir uns zu Beginn kurz einige Gedanken zu Zeitdimensionen, die uns ins Staunen bringen werden. Unser Universum besteht bereits seit 13,7 Milliarden Jahren, die Erde seit ca. 4,5 Milliarden Jahren. Im Gegensatz dazu beträgt unsere durchschnittliche Lebenszeit gerade mal ca. 80 Jahre.

Unsere Lebenszeit ist immer ein Ausschnitt aus der ständig fortschreitenden Zeit im Universum. Wir treten bei der Geburt in diesen Zeitstrahl ein und begleiten ihn unsere Lebenszeit lang (kurz). Damit beginnt unsere Auseinandersetzung mit der Zeit. Schnell wird uns die Zeit gewahr. Sie spielt eine zentrale Rolle in unserem Leben. Da die Zeit für jeden von uns nur begrenzt vorhanden ist, sollten wir bemüht sein, das Beste aus ihr zu machen.

Nicht jeden interessiert es verständlicherweise, wie lange das Universum schon existiert, ob es den Urknall wirklich gegeben hat oder ob sich das Universum in 4 bis 5 Milliarden Jahren mit einem großen Knall wieder verabschiedet. Die Bewusstmachung solch gigantischer Zeitdimensionen sollte uns jedoch den Respekt geben, unsere endliche und begrenzte Zeit zu würdigen und ihr einen hohen Stellenwert zu verleihen. Dies könnte uns eine große Hilfe bei der Lösung oder wenigstens dem Verstehen unserer Zeitprobleme sein und sei es nur darin, einzusehen, dass sich unser zeitliches Wirken auf der Erde im Verhältnis zum Alter des Universums und der Erde äußerst bescheiden ausnimmt. Trotz dieses kurzen Verweilens auf unserem Planeten sind wir in der Lage, diesen in kurzer Zeit massiv negativ zu beeinflussen.

LEBENSERWARTUNG

Unsere mögliche Verweildauer auf Erden wird in der sogenannten Lebenserwartung ausgedrückt. Sie ist die statistisch erwartete Zeitspanne, die einem Lebewesen ab einem gegebenen Zeitpunkt bis zu seinem Tod verbleibt. Diese Spanne wird in der Regel mit Hilfe einer Sterbetafel berechnet, die auf empirischen Sterbehäufigkeiten der Vergangenheit und auf Modellannahmen für die zukünftige Sterblichkeitsentwicklung basiert. Grundsätzlich kann jeder beliebige Zeitpunkt gewählt werden, ab dem die restliche Lebenszeit ermittelt werden soll – in der Regel wird vom biologischen Beginn unserer Entwicklung (der Geburt) gerechnet.

Wir leben heutzutage durchschnittlich, je nach Geschlecht, 80,1 Jahre als Mann und 84,5 Jahre als Frau (Statistik Lebenserwartung Schweiz 2010 Quelle: ESPOP, BEVNAT). Dies sind unsere sogenannten Starbedingungen. Umgerechnet ca. 700.800 Stunden gestalten wir gemäß dieser Berechnung unsere Lebenszeit oder sollten es wenigstens tun. Wir werden davon ca. 23 Jahre oder 204.400 Stunden verschlafen. Außerdem werden wir ca. 98.000 Stunden arbeiten, bis wir pensioniert werden.

Dies sind nur nackte Zahlen mit wenig Sinn und Bedeutung. Für den einen von uns ist das Jahr lang(-weilig) und für den anderen kurz(-weilig). Erst jeder Einzelne von uns, seine Taten, Gedanken, Wahrnehmungen, Entscheide und Bewertungen hauchen diesen nackten Zahlen eine Bedeutung und somit einen Wert ein.

> *«Die Tragödie des Lebens ist nicht, dass es so bald endet, sondern dass der Mensch so lange wartet, es zu beginnen.» – W. M. Lewis*

SORGEN

Wir

- gehen mit den uns zur Verfügung stehenden Ressourcen viel zu leichtfertig um.
- haben öfters das Gefühl, unser Leben gehe zu schnell vorbei.
- glauben, dass sich unser Leben permanent beschleunigt.
- denken, dass unsere Lebenszeit häufig fremdbestimmt wird.
- finden, dass die Ansprüche im Privatleben stetig wachsen.
- spüren, dass die Ansprüche im Berufsleben ständig steigen.
- werden überschüttet, überfordert mit der stetig steigenden Menge an Informationen.
- wissen, dass wir zu wenig Zeit mit unseren Liebsten verbringen können.
- fühlen, dass unsere vielen Tätigkeiten eine große Belastung sind.
- verdrängen, dass wir uns schon früh mit der Pensionierung befassen sollten.
- vermuten oder wissen, dass uns irgendetwas oder irgendjemand unsere Lebenszeit stiehlt.

WÜNSCHE

Wir wünschen uns, wir könnten …

- weiter sein, als wir gerade sind.
- für alles immer genügend Zeit und Energie aufbringen.
- die Arbeit und das Privatleben einfach unter einen Hut bringen.
- die Beziehung optimal leben.
- den geliebten Menschen die notwendige Zeit widmen.
- die Kinder und Enkelkinder beim Heranwachsen begleiten.
- unser Wissen ständig auf dem erforderlichen Niveau halten.
- die Karriere einfach planen und vollziehen.
- in Ruhe die Pensionierung vorbereiten.
- Zeitdiebe, Zeitfresser und Zeitfallen jederzeit erkennen.

BEDEUTUNG

Wie die Zeit entstand und unter welchen Bedingungen die Zeit existiert, hilft den Wenigsten von uns, zu verstehen, was ihre individuellen Herausforderungen mit der Lebenszeit sind. Zu begreifen jedoch, dass die Zeit für uns endlich und im Vergleich zum Universum nichtig ist, kann uns Anleitung oder Motivation sein, unser Leben reicher zu gestalten. Das Wissen darum, dass wir nur eine Generation von vielen sein werden, hilft uns, zu den vorhandenen Ressourcen Sorge zu tragen und unseren Planeten zu schützen.

Wenn ein wichtiger Termin verpasst wurde, zu viele Aufgaben anstehen, um diese in der verfügbaren Zeit zu bewältigen, die Zeitnot kein Ende zu nehmen scheint, dann ist es höchste Zeit, sich mit der Zeit zu befassen. Es geht dabei weder darum, sich selbst oder seinen Zeitbedarf zu rechtfertigen, noch darum, zu bewerten, ob diese Zeitverwendung richtig oder falsch, gut oder schlecht ist. Es geht in der Hauptsache darum, zu verstehen, dass es gut ist, so wie es ist. Alles, was wir in Angriff nehmen, braucht Zeit. Alles, was wir mit unserer Zeit anstellen, hat Konsequenzen, die wir zu tragen haben.

Jedem von uns hat seine eigene Zeit die höchste Bedeutung. Seitdem wir denken können, ist Zeit für uns ein Phänomen und ein ewiges Thema der Natur- und Humanwissenschaften, der Poetik und Literatur. Waren es in den vergangenen Jahrhunderten vornehmlich die Geisteswissenschaften und die Physik, welche ihre Herkunft zu klären suchten, so sind es heute die Psychologie und die Neurowissenschaften.

Dass uns Zeit sehr wichtig ist, zeigen verschiedene Umstände. Auf der einen Seite erfinden wir seit Menschengedenken Instrumente, Maschinen, Abläufe und vieles mehr, mit dem Ziel, die Zeit zu messen, zu strukturieren, zu verwalten und wenn möglich einzusparen. Auf der anderen Seite werden alle Zeitabschnitte, die wir im Laufe eines Tages durchwandern, mit irgendwelchen Aufgaben gefüllt. Nirgends sind wir vor Produktivität sicher. Wir wollen jederzeit die Kontrolle über die Zeit behalten. Einerseits versuchen wir das durch künstlich geschaffene Strukturen, andererseits wollen wir die Zeit beherrschen, indem wir sie überall und jederzeit messen, anzeigen und einzusparen versuchen.

Die Zeit ist messbar und spürbar vergeht sie, dennoch bleibt sie eine große Unbekannte, die unbeirrbar läuft. Im Gegensatz zum Raum, der mehrmals an gleicher Stelle besucht werden kann, kann die Zeit niemals zurückgedreht oder zweimal die gleiche Zeit besucht werden.

Dass die Zeit viele berühmte Menschen inspiriert hat, sieht man an den vielen Zitaten, die sich zu diesem Thema finden lassen. Filme, Theaterstücke und Romane, Zitate im Internet sowie Bücher speziell über Zeitmanagement wurden verfasst.

Wenn wir einen schönen Moment erleben, möchten wir, dass die Zeit stillsteht, dass sie nicht mehr vorwärtsstrebt und wir den Moment für immer konservieren könnten. Doch die Zeit lässt sich nicht stoppen. Zum Glück, denn wenn wir einen schmerzlichen Moment erleben, möchten wir, dass die Zeit schnell vergeht und für uns bald wieder eine schönere Zeit anbricht.

Die Zeit lässt sich in verschiedenen Momenten betrachten. Sie hat einen Ablauf, sie lässt sich in bestimmte Schnappschüsse aufteilen, man verwendet sie in Redewendungen, es gibt Zitate über die Zeit. Die Zeit ist allgegenwärtig und wichtig für den Menschen.

Für die einen von uns ist die Zeit ein Luxus, für die anderen einfach nur die Zeit, die auf der Uhr verrinnt. Der eine befasst sich bewusst und intensiv mit ihr, der andere lässt sie einfach so an ihm vorbeiziehen, nur um sich dauernd zu wundern, warum er so wenig davon hat. Was Ihnen, liebe Leserin, lieber Leser, Zeit bedeutet, dürfen Sie sich selbst beantworten. Ob Sie die Zeit als Freund oder als Feind erleben, hängt weitgehend von Ihrer Bewertung ab. Ob Sie zu viel oder zu wenig Zeit haben, wissen schlussendlich nur Sie.

ZEITEXISTENZ

Die Zeit existiert grundsätzlich nur im Zusammenhang mit Bewegung oder Veränderung. Ohne diese beiden Elemente gäbe es keine Zeit. Daher wäre Zeitstillstand gleichzusetzen mit Bewegungs- oder Veränderungsstillstand.

Da wir heute im Sinne des Leistungsgedankens, der unser gesamtes Leben durchzieht, fast alle Tätigkeiten in Beziehung zu der uns zur Verfügung stehenden Zeit setzen, ergeben sich daraus gesellschaftliche und persönliche Probleme. Unter Zeitdruck stehen, keine Zeit haben oder keine Zeit mehr für sich selbsthaben, sind Ausdruck (sowie Ausdrücke) und Symptome von Stress-Situationen und unbewältigten Konflikten, deren Ursache weniger im Außen als mehr im eigenen Inneren zu suchen ist. Wenn wir bereit sind, uns neu zu reflektieren und (beispielsweise über Entspannung) in uns hineinzuhören, die Zeit als einen Teil von uns selbst zu spüren, haben wir die Chance, einen selbstbestimmteren und selbstbewussteren Umgang in Konfliktlösungsprozessen und in unserer Befindlichkeit zu erleben.

Warum zeigen einige von uns, dass sie für nichts Zeit haben? Zeit hat man doch auch früher nicht mehr gehabt. Da musste man sogar samstags arbeiten und den Haushalt nahezu komplett manuell erledigen. Heute, in der Zeit, in der wir viele Hilfsmittel für alles und jede Haushaltarbeit zur Verfügung haben, in der Zeit der Mobilität, in der man schnell mal einkaufen gehen kann, der reduzierten Arbeitszeit, die auf 40 Stunden und auf 5 Tage die Woche geschrumpft ist, warum hat man da trotzdem keine Zeit?

Wir werden geboren, wir sterben, und die Zeit dazwischen hetzen wir von Termin zu Termin, von Ort zu Ort, von Beziehung zu Beziehung, unfähig, Ruhe zu bewahren und die Zeit zu genießen, doch stets in der Lage, unter zu wenig Zeit zu leiden. Außerdem ist der digitale Master immer mit uns und bestimmt unser Handeln. Er verhindert jedoch auch vielfach unser Denken.

Zeit ist etwas Seltsames. Es fällt einigen von uns viel leichter, in der Vergangenheit (melancholisch, verträumt, nostalgisch, die gute alte Zeit) oder in der Zukunft (Fantasiewelt) zu leben als im Hier und Jetzt.

Viele von uns leben nach der Uhr. Mit dem ständigen Blick auf die Armbanduhr sind wir jedoch zeitlich immer woanders. In fünf Minuten kommt der Bus. Heute Mittag muss ich unbedingt mit Herrn Keller reden. Freitags muss ich die längst geplante Ferienreise buchen. Nächste Woche kommt meine Schwester seit vielen Jahren wieder mal zu Besuch etc. So sind wir gedanklich überall, nur nicht im Hier und Jetzt. Das Verrückte ist, dass wir aber gar nicht wissen können, ob es das Nachher, das Morgen oder die nächsten Monate für uns noch gibt. Alles, was wirklich und real ist, ist der Augenblick, in dem wir uns gerade befinden.

Die heutige Zeit der Hektik, des Scheins anstelle des Seins lässt uns meistens wenig Spielraum, über die Bedeutung der Zeit nachzudenken. Ich wage zu behaupten, dass die Zeit an sich bedeutungslos ist. Sie ist, wie sie ist. Doch wir, die wir uns mit der

Zeit befassen, geben der Zeit ihre eigene Bedeutung. Jeden von uns beschäftigt in vielen Momenten des Lebens seine Lebenszeit. Trotzdem ist sie das Element, das wir vielfach vernachlässigen. Ja, ich wage zu behaupten, dass wir mit unserer Lebenszeit oft sehr fahrlässig umgehen.

UNSER LEBEN

Unsere Geburt läutet den Beginn unserer Lebenszeit ein. Von nun an prägen wir uns durch unser Umfeld, unsere Entwicklung, die Art und Weise, wie wir Veränderungen anpacken, eintretende Ereignisse auf unserem Lebenspfad, getroffene oder versäumte Entscheidungen, unsere Leistungsfähigkeit, die Gesundheit sowie Einflüsse unserer Umwelt und vieles mehr.

In jeder Lebensphase ist unsere Möglichkeit, auf unsere Zeitverwendung Einfluss zu nehmen, unterschiedlich. Dieser Einfluss wird von vielen verschiedenen Faktoren beeinflusst. Einige davon sind unsere Leistungsfähigkeit, unsere Entwicklung sowohl physisch wie auch psychisch oder unser Umfeld. Hauptsächlich diese Faktoren haben starken Einfluss auf unsere gefühlte Macht oder Ohnmacht in der Steuerung unserer Lebenszeit.

UNSERE BESTIMMUNG

Eine wichtige Voraussetzung für den optimalen Einsatz unserer Lebenszeit ist, dass wir unsere ursprüngliche Bestimmung und den Sinn unseres Lebens wieder vermehrt in unser Bewusstsein bringen.

Für alle Geschöpfe auf der Erde hat der Große Geist den Lebensweg bloß im Großen vorgezeichnet. Er zeigt uns die Richtung und das Ziel, lässt uns aber unseren eigenen Weg dorthin finden. Er will, dass wir selbstständig handeln, unserem Wesen gemäß und unseren inneren Kräften gehorchend. Wenn nun Wakan Tanka will, dass Pflanzen, Tiere, sogar die kleinen Mäuse und Käfer auf diese Weise leben – um wieviel mehr werden ihm Menschen, die alle dasselbe tun, ein Gräuel sein:

› Menschen, die zur selben Zeit aufstehen,
› die gleichen im Kaufhaus erstandenen Kleider anziehen,
› und dieselben öffentlichen Verkehrsmittel benützen,
› die im selben Büro sitzen, die gleiche Arbeit verrichten,
› auf ein und dieselbe Uhr starren und – was am schlimmsten ist – deren Gedanken einander zum Verwechseln ähnlich sind.

Alle Geschöpfe leben auf ein Ziel hin. Selbst eine Ameise kennt dieses Ziel – nicht mit dem Verstand, aber irgendwie kennt sie es. Nur wir sind so weit gekommen, dass wir nicht mehr wissen, warum wir leben. Wir benützen unseren Verstand nicht mehr und wir haben längst vergessen, welche geheime Botschaft unser Körper hat, was uns unsere Sinne und unsere Träume sagen. Wir gebrauchen das Wissen nicht, das der Große Geist jedem von uns geschenkt hat, wir sind uns dessen nicht einmal mehr bewusst und so stolpern wir blindlings auf der Straße dahin, die nach Nirgendwo führt – auf einer gut gepflasterten Autobahn, die wir selbst ausbauen, schnurgerade und eben, damit wir umso schneller zu dem großen leeren Loch kommen, das uns am Ende erwartet, um uns zu verschlingen.

Unsere Lebenszeit läuft in drei zentralen Zeitformen ab. Diese sind die Vergangenheit, die Gegenwart und die Zukunft. Die Vergangenheit ist das gelebte Leben. Sie ist sicher und nachvollziehbar, sie wurde gelebt. Alles, was in der Vergangenheit geschah, ist unumstößlich festgeschrieben und kann nicht mehr geändert werden. Die Gegenwart ist das eigentliche, pulsierende Leben. Sie ist zu großen Teilen gestaltbar. Die Zukunft ist ungewiss und unsicher. In gewissen Grenzen ist sie planbar, doch ob sie so abläuft, wie wir sie planen, ist ungewiss.

Von der Vergangenheit lernt der Mensch, von der Gegenwart nimmt er die Kraft, um die Zukunft zu meistern.

In der spirituellen Welt gibt es keine Zeiteinteilungen wie Vergangenheit, Gegenwart und Zukunft, denn diese haben sich zu einem einzigen Augenblick, der Gegenwart, zusammengezogen, dort vibriert das Leben in seinem wahren Sinn, im Hier und Jetzt.

VERGANGENHEIT

«Wer in der Zukunft lesen will, muss in der Vergangenheit blättern.» – André Malraux

Was in der Vergangenheit geschah, was heute geschieht und was morgen geschehen mag, geschieht immer unter der Herrschaft der Zeit.

Die Vergangenheit hat ein Gesicht. Sie zeigt uns auf, was war, was wir erlebt haben, worauf wir unter Umständen stolz sein können, aber natürlich ebenso unsere Sünden. Sie ist keine Herausforderung mehr, denn sie ist vorbei. Alles, was in der Vergangenheit war, hat uns zu dem gemacht, was wir heute und jetzt sind.

Man sagt, die Vergangenheit ist der Schlüssel für die Zukunft. Gemeint ist damit wohl, dass nach jedem Schicksalsschlag die Vergangenheit aufgearbeitet werden muss, damit man unbeschwert und frei die Zukunft gestalten kann.

Jeder hat eine Vergangenheit. Ob er sich dessen bewusst ist oder bewusst sein will, steht auf einem anderen Blatt geschrieben. Es gibt sicher Situationen, in denen wir uns wünschten, in der Vergangenheit anders gehandelt zu haben. Dann verleugnen wir diesen Teil der Vergangenheit gerne. Das nennt man Verdrängung der Tatsachen. Manchmal kann das eine gewisse Zeit helfen, doch die Vergangenheit holt uns in den meisten Fällen wieder ein. Sie sagt sehr viel über die Zukunft aus. So sind die bereits mehrfach erwähnten Voraussetzungen des Menschen aus seiner Vergangenheit entstanden, fixiert worden und je nach Typ nur noch bedingt änderbar.

Die Vergangenheit liegt vor uns, denn wir können sie sehen. Die Zukunft hingegen liegt hinter uns, denn wir sind nicht im Stande, sie zu sehen. Sie kommt aber von hinten auf uns zu und überholt uns, wobei sie über das kurze Zeitfenster der Gegenwart zur Vergangenheit wird. Wenn wir nun beispielsweise nach einem Beziehungsbruch, in der Hoffnung, etwas Neues zu finden, zu schnell vorwärts rennen, kann uns die Zukunft nicht einholen und wir verbleiben immer in der Vergangenheit.

Also lassen wir uns nach einem vermeidlichen Unglück genügend Zeit für dessen Aufarbeitung. Rennen wir nicht zu schnell weg, geben wir der Zukunft die Möglichkeit, uns einzuholen.

Das Schöne an der Vergangenheit, die im Laufe des Lebens immer mehr wird, ist, dass die dabei gemachten Erfahrungen uns mit neuem Rüstmaterial ausstatten, das uns hilft, die Gegenwart besser zu bewältigen.

«Ich habe die Ähren meines Lebens in den Schopf eingebracht. Junge Menschen müssen erst noch beweisen, dass sie es besser machen können oder ob sie überhaupt so weit kommen.» – Quelle: Viktor Emil Frankl.

GEGENWART

«Wer vor der Vergangenheit die Augen verschließt, wird blind für die Gegenwart.» – Richard von Weizsäcker.

Wir leben grundsätzlich immer in der Gegenwart, also ständig im Hier und Jetzt, auch wenn wir das nicht immer so wahrnehmen. Im Hier und Jetzt zu leben, ist meiner Meinung nach der Schlüssel zu einem aktiven, bewussten Leben, denn nur jetzt können wir etwas tun. Nur jetzt in diesem Moment können wir aktiv sein. Wir können es vielleicht auch morgen, aber vielleicht auch nicht. Und wenn wir immer nur sagen, dass wir morgen aktiv werden, werden wir es nie sein. Der einzige Augenblick ist also jetzt.

Wenn wir es schaffen, im Hier und Jetzt zu leben, können wir wahre Erfüllung erfahren. Dann sind wir tief in unserem Sein, ganz wir selbst und ganz hier. Denken Sie an die wertvollen und unvergesslichen Glücksmomente, in denen Sie ganz bei sich selbst waren.

In der Gegenwart haben wir unsere Zeitnöte. Wir werden von den Erfahrungen begleitet, die wir in der Vergangenheit gemacht haben. Einerseits freudig, hoffnungsvoll, doch manchmal auch unsicher und ängstlich schauen wir in die Zukunft. Wir wissen, dass wir nicht in der Lage sind, zu sehen, was uns erwartet.

Vergangenheit ist Geschichte, Zukunft ist Geheimnis, aber jeder Augenblick ist ein Geschenk.

Es dauert 2,7 Sekunden, bis unser Wahrnehmungsapparat die Zukunft in die Vergangenheit verwandelt. Außerdem haben Studien ermittelt, wie lange das «Jetzt» für unser Gehirn dauert. Die Zeit fließt angeblich nicht kontinuierlich in unsere Wahrnehmung mit ein, sondern in Schritten von 30 Millisekunden. Unser Bewusstsein strukturiert daraus die Gegenwart als 2,7-Sekunden-Einheit. Unser Bild von der Wirklichkeit setzt sich außerdem zu mehr als 90 % aus Erinnerungen zusammen.

Stellen wir uns vor, dass wir in einem Zug sitzen, der an einen Ort fährt, den wir nicht kennen. Wir steigen im Bahnhof ein und der Zug fährt mit uns durchs Leben. Jedes Mal, wenn wir zum Zugfenster hinausschauen, öffnet sich ein Zeitfenster der Gegenwart, das schon bald wieder geschlossen wird. Eben noch Gegenwart ist es schon wieder Vergangenheit. Wenn wir eine Szene festhalten wollen, fixieren wir nur eine Momentaufnahme der Realität, einen Ausschnitt der Zeit. Festhalten können wir diesen Moment nicht (mal von Fotografien abgesehen, doch die Fotografie zeigt uns wieder nur die Vergangenheit). Wir können den Ausschnitt des erlebenden Zeitfensters etwas verzögern, indem wir mit dem Kopf die Vorwärtsbewegung des Zuges kompensieren. Doch auch das ist schon bald vorbei. Unsere Interessen, Gefühle wie Vergnügen, Freude, Trauer oder Verärgerung lassen unser Erleben der Zeit lange oder kurz erscheinen.

ZUKUNFT

«Man entdeckt keine neuen Meere, ohne den Mut zu haben, die Küste aus den Augen zu verlieren.» –
André Paul Guillaume Gide

Mythisch, unbekannt, nicht einsehbar, erzeugt die Zukunft Ängste in uns. Zweifel daran, ob es auch morgen noch so gut läuft wie heute. Ob wir immer weiter geliebt werden. Ob wir immer weiter gesund bleiben, verschont von Schicksalsschlägen, Krankheiten, Unfällen, von Arbeitslosigkeit und anderen Verlusten. Sicherheit in der Gestaltung der Zukunft gibt es nicht.

Die Zukunft ist der Zeitabschnitt, in den wir keinen Einblick haben. Was in Zukunft geschieht, kann nicht zuverlässig vorhergesagt werden. Zu viele Faktoren beeinflussen diese unbekannte Zeitspanne. Auch beim Wetter kann heute trotz aufwändiger Wettermodelle mit den größten Computern kaum genau vorausgesagt werden, wie das Wetter in einigen Tagen wird. Dieses Unbekannte der Zukunft macht einige von uns unsicher und verleitet dazu, die Zukunft zu verdrängen. Das hilft uns leider nicht, ihr optimal entgegenzusehen.

Unsicherheit und Veränderungen mögen wir grundsätzlich nicht. Noch so gerne glauben wir jedem, der uns sagt, dass es morgen besser wird als heute. Mit einer positiven Einstellung und dem geschickten Gestalten der Gegenwart und damit der Schaffung einer stabilen Vergangenheit kann auf die Zukunft positiv Einfluss genommen werden. Grundsätzlich hilft es uns sehr, jedes Ereignis, das in der Zukunft auf uns wartet, als positiv zu sehen. Mit einer positiven, optimistischen Haltung kann jeder sein Leben massiv erleichtern und damit schön gestalten.

Im Gegenzug dazu ist jeder in der Lage, sich selbst zu zerstören, und das ebenfalls allein mit der Kraft seiner Gedanken. Es heißt, dass das Universum alles daransetzt, unsere Gedanken und Wünsche zu erfüllen. Leider erkennt es nicht, ob sich unser Wunsch gut oder schlecht für uns auswirkt. Es erfüllt alle Wünsche, die tief in uns vorhanden sind.

Wenn es uns gut geht, unternehmen wir einiges, dass dieser Zustand so bleibt. Glücksmomente, die wir im Hier und Jetzt erfahren, erwarten wir wie selbstverständlich auch in Zukunft. Kommen diese dann wider Erwarten nicht zurück oder verschwinden sie, kann es uns schwer belasten und uns im schlimmsten Fall in eine Depression versinken lassen.

Wenn es uns hingegen unserer Ansicht nach schlecht geht, keimt in uns die Hoffnung, dass die Zukunft die Situation wieder verbessert (Zeit heilt alle Wunden).

Ein weniger gut geeigneter Weg, der Zukunft zu begegnen, ist, die Zukunftsplanung in fremde Hände zu legen. Was uns teilweise bequem und einfach scheint, ist ein schwieriger und ebenfalls mit Steinen ausgelegter Weg. Deshalb ist die Vorhersage der Zukunft ein riesiges Geschäftsfeld für Menschen, die aus Hoffnungen, Ängsten und Unsicherheiten Kapital schlagen wollen. Jeder, der glaubhaft versichern kann, dass er die Zukunft vorhersehen kann, hat im ängstlichen, unsicheren Menschen einen dankbaren Freund, der ihm alles gibt, um zu erfahren, wie es ihm in der Zukunft gehen sollte.

Dies kann schwerwiegende, ja zum Teil gravierende Folgen auslösen. Da diese Ratsuchenden grundsätzlich weniger gut mit Negativmeldungen umgehen können, kann eine Falschprognose eine Negativspirale auslösen, die in die Zerstörung führen oder Probleme verursachen kann, die eigentlich vermieden werden sollten. Verlieren wir damit unseren Sinn im Leben (unsere Bestimmung), können die Auswirkungen katastrophal sein. Außerdem besteht grundsätzlich die Gefahr einer Abhängigkeit von solchen Vorhersagen, in die sich der Ratsuchende manövrieren könnte.

In der islamischen Welt stehen die Menschen im Glauben, dass nur Gott die Zukunft kennt. Deshalb ist es aus ihrer Sicht anmaßend, über die Zukunft zu reden. Sie gehen davon aus, dass man nur Sicheres von der Vergangenheit weiß und diese deshalb positiver hervorhebt. Die Zukunft ist leer und trügerisch. Wir wissen nichts über sie und deshalb blicken wir mit Unsicherheit und Skepsis auf sie. Die Zukunft gehört nicht uns, sie gehört Gott und deshalb kann niemand sagen, was uns in der Zukunft zustoßen mag.

Ein Weg, sich für die Zukunft zu wappnen, ist der Auf- und Ausbau unserer Leistungsfähigkeit. Durch diese Leistungssteigerung sowohl im psychischen als auch im physischen Bereich können unerwartet eintreffende Ereignisse in der Zukunft besser bewältigt werden. Dies bedingt, dass zuerst eine Planung der eigenen gewünschten Zukunft vorgenommen wird. Neben der reinen Zukunft, die grundsätzlich ungewiss ist, gibt es eine Art der geplanten Zukunft. Man spricht in diesem Fall von der Vorwegnahme der Zukunft.

Das ist die Zeit, die einem vom Menschen vorweggenommenen Ereignis (Ergebnis) entgegenläuft. Man spricht von der Zeit, die von der Zukunft zur Gegenwart läuft. Dabei wird ein Plan für die Zukunft gefasst, zum Beispiel in 5 Jahren ein Haus bauen zu wollen. Dieses fiktiv geplante Haus ist das von uns in der Zukunft vorweggenommene Ereignis. Wir sehen uns bereits als Besitzer dieses Hauses, die Lage, an der es steht, wie es aussieht etc. Anschließend setzen wir alles daran, dass dieser Plan erfüllt wird. Das heißt, die Zeit hilft dann mit, arbeitet der Umsetzung dieses Plans in die Hand, um dieses vorweggenommene Ereignis (Ergebnis) zu erreichen.

Im Talmud heißt es übersetzt: Achte auf deine Gedanken, denn sie werden zu Worten. Achte auf deine Worte, denn sie werden zu Handlungen. Achte auf deine Handlungen, denn sie werden zu Gewohnheiten. Achte auf deine Gewohnheiten, denn sie werden dein Charakter. Achte auf deinen Charakter, denn er wird dein Schicksal.

Kurzgefasst: Achte auf deine Gedanken, sie sind der Beginn deiner Taten.

Für den Blick in die Zukunft wenden wir teilweise viel Zeit und Geld auf. Wir lesen Horoskope, besuchen Handleser, Tarot-Kartenleger und weitere sogenannte Zukunfts-Seher. Diese Instrumente sind leider nur so gut wie das Medium, das sie anwendet. Wenn eine Vorhersage positiv ist, kann uns das in der Regel nicht schaden, auch wenn sie nicht eintrifft. Wenn sie aber negativ ist, arbeitet das Universum daran, diesen negativen Gedanken für uns zu realisieren. Leider kann unser Gehirn dabei nicht zwischen negativ und positiv unterscheiden. Es arbeitet auf die Realisierung der Gedanken hin, egal wie diese formuliert sind.

Ein Weg, die Unsicherheiten und das Unbekannte der Zukunft zu meistern, ist, zu wissen, dass im Leben immer das, was geschehen muss, geschieht. Wir haben teilweise nur geringen Einfluss darauf. Wir glauben zwar, dass wir unser Leben steuern können, doch das können wir nicht in dem Ausmaß, wie wir uns das vorstellen.

Mit einer Krankheit oder einem Unfall verhält es sich ähnlich. Ein Arzt kann einen Kranken oder Verunfallten nicht wirklich heilen. Aber er setzt alles daran, dass die Voraussetzungen für eine Heilung, so gut es geht, gestellt werden. Die Heilung müssen wir im Rahmen unserer Möglichkeiten selbst vornehmen. Sind wir dazu noch positiv und optimistisch zur Krankheit oder dem Unfall eingestellt, hilft uns das, die Genesungszeit erheblich zu verkürzen und angenehmer zu gestalten.

Viele wünschen sich schon seit jeher, die Zeit beeinflussen zu können, in der Zeit rückwärts und vorwärtszuspringen oder einfach nur die Zeit anhalten zu können. Einige wollten vielleicht sogar schon die Zeit zurückdrehen. Dies, um damit Verhaltensweisen und Entscheidungen korrigieren zu können und den Verlauf des Lebens positiv zu beeinflussen. Diese Wünsche sind nicht außergewöhnlich, nur erfüllt werden können sie nicht.

Andere möchten die Zeit vorstellen, um in die Zukunft sehen zu können. So könnten sie sehen, was als Nächstes passieren wird. Sie wollen wissen, wie es ihnen oder ihren Liebsten in Zukunft ergehen wird. Sie wollen wissen, wie lange sie noch leben werden und wie das Leben aussieht. Wir haben schon viele Wege gesucht und einige auch gefunden, um diese Unsicherheit der Zukunft zu mildern. Die Verantwortung für unsere eigene Zukunft jedoch verbleibt immer bei uns. Einige von uns treiben viel Aufwand, wenden somit viel Zeit, Energie und Geld auf, um die Ungewissheit über die Zukunft zu überwinden. Andere leben in den Tag hinein und kümmern sich überhaupt nicht um sie.

LEBENSABSCHNITTE

Die Zeit bedeutet uns in jedem Lebensabschnitt, in dem wir uns befinden, etwas anderes. Lebensabschnitte sind grob eingeteilt die Zeit als Kind, als Jugendliche, als Erwachsene und die letzte Zeit als Rentner. Dabei bewegen wir uns nach Abschluss der Schulausbildung in einem spannenden, aber auch belastenden Spannungsfeld zwischen Privatleben und Arbeitsleben.

Es kristallisiert sich schon bald die Erkenntnis heraus, dass für alles im Leben die beste Zeit ist. Erst nach Überschreiten der sogenannten Lebensmitte, also mit ca. 50 Jahren realisieren wir immer mehr, dass die Zeit endlich ist. Eine große Rolle spielt dabei sicher der Umstand, dass die Kinder die Familie verlassen und wir wieder mehr Zeit für uns selbst haben. Dies ist jedoch auch eine Prüfung, ob die bestehenden Beziehungsstrukturen noch ausreichend stabil und fundiert sind. Falls dem nicht so ist, kann eine Neuorientierung mit allen Chancen und Gefahren notwendig werden. Diese Neuorientierung schreibt dann die Zeitverwendung zu einem Teil vor.

KINDHEIT

Kleinkinder haben ihre eigenen von Trieben bestimmten Zeitphasen. Diese Triebe sind unter anderem Hunger, Anerkennung, Durchsetzung und Gestaltung der eigenen Persönlichkeit. Dabei sind Kinder überschwänglich, unbekümmert, haben kaum ein Gefühl für Zeit, außer wenn sie essen oder schlafen müssen. Da wir grundsätzlich nur im Schlaf das Gelernte verarbeiten und festigen, schlafen wir als Kind noch relativ viel. Alles Neue wird in der Wachphase aufgenommen, begriffen im wahrsten Sinne des Wortes, ausprobiert und die Lehren daraus werden gezogen. Verarbeitet und gespeichert, das heißt, im Gehirn verdrahtet werden diese Erlebnisse aber erst im Schlaf. Keine Station des Lebens bringt mehr an Neuem ins Gehirn als die Kinderzeit.

JUGEND

Als Jugendliche sind wir immer auf dem Sprung nach Anerkennung und Selbstbestätigung. Wir wollen lernen und uns mit der Zeit von den Eltern loslösen. Wir beginnen, uns neu zu binden, neue Freunde/Freundinnen kennenzulernen. Wir möchten uns nach und nach selbst behaupten. Zeitvorgaben der Eltern oder der Erziehungsberechtigten werden grundsätzlich hinterfragt, teilweise bewusst ignoriert, um Erfahrungen zu sammeln und zu lernen. Uns ist dabei kaum bewusst, dass es sich dabei bereits um erste Erfahrungen für das spätere Zeitmanagement des Lebens handelt. Ratschläge, auch wenn sie noch so einleuchtend und logisch sind, werden ignoriert. Das war früher so, heute ist das anders.

Ein weiteres Spannungsfeld öffnet sich beim Übergang von der Schulzeit zur Berufsausübung. Einige von uns plagen sich mit den Mühen der Festlegung eines Berufswunsches, andere, Glücklichere wissen schon früh, was sie werden wollen. Einfluss auf die Realisierung der gewünschten Berufslehre oder des Studiums haben dabei vielfältige Eigenschaften wie zum Beispiel die örtlichen Begebenheiten.

Mit dem Beginn der Berufslehre wechseln wir vom reinen Privatleben in die gemischte Form des Privat- und des Arbeitslebens. Damit beginnt die Zeit, in der dieser Spagat zwischen der verfügbaren Zeit für das Privatleben und derjenigen des Arbeitslebens bewältigt werden muss. Dies müssen wir über mehr als die Hälfte unsers Lebens bewältigen.

ERWACHSEN

Nach dem Beginn einer Berufslehre stehen verschiedene Tätigkeiten zur Erlangung oder Festigung einer Beziehung an. Mit einer dieser Beziehungen beginnt gewöhnlich das Leben als Paar, eventuell als Familie. Es ist möglich, dass die Jugendzeit beherrschende Hobbys plötzlich nicht mehr ausgeübt werden können. Ebenfalls beeinflusst die Gründung einer festen Beziehung auch das Ausgangsverhalten.

Dies bedeutet, neue Bekanntschaften zu schließen, neue Freunde zu treffen, zusätzlich neue Verwandte zu erhalten und den Umgang mit dem neuen Umfeld zu pflegen. Einige von uns werden ein Eigenheim kaufen. Das bestehende Auto muss mit dem Wachstum der Familie ausgetauscht werden. Die Kinder werden größer und entwickeln sich bald zu eigenen Familien, der Kreislauf beginnt von neuem.

ARBEITSLEBEN

Meist mit dem Eintritt in eine Berufslehre oder nach einer direkt nach der Schule eingegangenen arbeitsvertraglichen Bindung an einen Arbeitgeber beginnt ein neuer wichtiger Abschnitt in unserem Leben, unser Arbeitsleben. Dieser Abschnitt beeinflusst von heute auf morgen unsere Lebenszeit in beträchtlichem Ausmaß. Wir müssen lernen, unsere Zeit einem Arbeitgeber unterzuordnen und diese Einschränkungen in unser Privatleben einzubauen.

Stehen im Privatleben die Familie, soziale Beziehungen und unser unmittelbares Umfeld für den Sinn des Lebens, steht demgegenüber im Arbeitsleben hauptsächlich das Bestreiten des Lebensunterhalts im Fokus. Doch nicht nur der aktuelle Lebensunterhalt, sondern auch die Rücklagen für die Sicherung der letzten Lebensphase als Rentner werden so im besten Fall zurückgelegt.

Den Spagat zwischen dem Privat- und dem Arbeitsleben nennt man Work-Life-Balance. Der Begriff steht weitgehend für denselben Themenbereich wie der Begriff der Vereinbarkeit von Familie, Privatleben und Beruf. Bei der Verwendung des englischsprachigen Ausdrucks liegt aber oft eine Betonung auf der individuellen Entscheidung und der Selbstorganisation einerseits und dem Abgleich zwischen Arbeitnehmer- und Arbeitgeberinteressen andererseits, weniger auf den gesellschaftlichen Bedingungen, die das Erreichen eines Gleichgewichts erleichtern oder erschweren.

Ändern wir nun die Reihenfolge des Begriffs Work-Life-Balance zu Life-Work-Balance ist das nicht nur ein Wortspiel. Der Fokus wird komplett verändert. Life-Work-Balance impliziert, dass wir das Privatleben über das Arbeitsleben stellen und es bevorzugt gelebt werden soll. Das Leben steht im Mittelpunkt. Dazu soll nur so viel gearbeitet werden, wie es zum Leben braucht.

Demgegenüber könnte der Begriff Work-Life-Balance den Aspekt widerspiegeln, dass die Arbeit das zentrale Element im Leben ist. So zentral, dass man meinen könnte, dass sich das Leben nur um die Arbeit dreht. Diesen Fokus legt jeder für sich selbst fest. Schließlich muss jeder mit den Konsequenzen seiner Entscheidung leben.

Ein überfüllter Terminkalender scheint ein Statussymbol für den Erfolg in gewissen Unternehmungen zu sein. Die Anzahl Messages im Posteingang wird dabei auch nach außen gerne verwendet, um unsere Wichtigkeit für die Unternehmung anzuzeigen. Die Anzahl Sitzungen, in die man eingeladen wird, zeigt, dass man akzeptiert und wichtig ist. Einer der wichtig ist, von dem will jeder was, was ihm wiederum alle Zeit wegfrisst. Es stellt sich die Frage: Ist keine Zeit zu haben ein gewolltes und/oder gewünschtes Statussymbol? Wie ist der Zusammenhang von überfüllten Kalendern, überfülltem Posteingang und der Produktivität?

Mit dem Arbeitsleben finanzieren wir unser Privatleben selbstständig. Dies wurde als Kind und Jugendlicher noch ganz oder teilweise von unseren Eltern übernommen. Für die Bildung einer eigenen Familie mit allen Rahmenbedingungen spielt die Höhe des Einkommens eine große Rolle. Zu Beginn des Arbeitslebens mit einem kleinen Einkommen besteht die Möglichkeit, dieses im Verlauf zu steigern. Der Preis für dieses Gehalt ist der, dass wir dafür einiges an Lebenszeit aufwenden müssen. Dies bedeutet, dass wir mit einer Arbeitszeit von 40 Stunden pro Woche eine Präsenzzeit an der Arbeit von ca. 60 Stunden eingehen, zu der wir der Familie nicht zur Verfügung stehen. Die Präsenzzeit setzt sich aus dem Arbeitsweg, der Mittagspause und der effektiven Arbeitszeit zusammen. Kommt dazu noch eine Ausbildung, schlägt diese obendrauf zu Buche. Falls eine Karriere angestrebt oder bereits eingegangen wurde, erweitert sich die Arbeitszeit zu Lasten der Freizeit nochmals erheblich.

Einige von uns haben sich schon überlegt, viel zu arbeiten, um eventuell lange vor dem regulären Rentenalter nicht mehr arbeiten zu müssen. Kann eine solche Strategie aufgehen? Im Zusammenhang mit der These, dass das meiste Geld, das reinkommt, auch gleich wieder ausgegeben wird, spricht grundsätzlich vieles dagegen.

PENSIONIERUNG

Meist fällt in den dritten Lebensabschnitt die Tatsache, dass wir Großeltern werden. Dabei sind wir auf der erneuten Suche nach dem Sinn und der Sinnerfüllung unseres Lebens. Wir müssen unseren Platz neu finden, da die Arbeitszeit beendet ist. Wir steigen aus dem Berufsleben aus, in das wir meistens 45 bis 49 Jahre unseres Lebens investiert haben. Nun plötzlich haben wir wieder alle Zeit der Welt für uns allein. Arbeitskollegen, Zeitstrukturen fallen weg. Kollegen, die sich noch im Berufsleben befinden, haben kaum mehr Zeit für uns.

Wir sind herausgefordert mit dem Gedanken, dass wir nicht mehr jung sind, nicht mehr für den Lebenszyklus des Generationserhalts notwendig sind. Wir wissen aber auch, dass alles, was wir unseren Kindern oder der Gesellschaft weitergeben können, wichtig ist. Wir fungieren als Gegengewicht zu den ungestümen Aktionen der Jüngeren und können so für eine gute Balance in der Entwicklung von Gesellschaft und Familie beitragen. Bei all dem ist es wichtig, dass wir uns bewusst sind, dass wir nicht mehr so leistungsfähig sind wie die Jungen, ja auch nicht mehr so leistungsfähig sein müssen. Außerdem melden sich nach und nach Gebrechen, die es zu meistern oder mit denen es zu leben gilt.

Ein spezieller Abschnitt eröffnet sich uns, wenn unsere Eltern gestorben sind. Dann wird uns schmerzlich bewusst, dass wir nun die Ältesten in der Generationenliste sind. Das ist ein einschneidendes Gefühl, eine eigens zu beachtende Station und verändert die Einsichten und Ansichten von Zeit und deren Wichtigkeit noch einmal um eine neue Dimension.

GRENZBEREICHE

Arbeit und Freizeit fließen immer mehr ineinander. Gleitzeit, Teilzeit, flexible Arbeitszeit, Jahresarbeitszeit, Home-Office, praktisch eine 24-Stunden-Verfügbarkeit – eine klare Trennung von Privatleben und Arbeitsleben ist kaum mehr möglich. Durch immer neuere, kleinere, leichtere Instrumente wird das Büro zum ständigen Begleiter auch auf dem Arbeitsweg, zu Hause, ja, sogar in den Ferien.

LEBENSZYKLEN

Die Lebenszyklen von Erwachsenen haben sich gegenüber früher grundlegend geändert. Wir brauchen heutzutage einerseits länger, bis wir richtig erwachsen geworden sind und eine gewisse Lebensreife erlangt haben; andererseits dauert es bedeutend länger, bis wir anfangen zu altern.

Die alten Eckpunkte des Erwachsenenseins – Beginn mit 21 und Ende mit 65 – sind längst hoffnungslos überholt. Die Amerikanerin Gail Sheehy beschreibt eine vollkommen neue Grenze etwa in der Lebensmitte als zweites Erwachsenenalter. Stellen wir uns vor, wir treten mit 45 in das Anfangsstadium eines anderen Lebens ein. Wie viele von uns streben ab 45 zur Selbstentfaltung bzw. -verwirklichung. Wir wollen unserem Leben einen neuen Sinn geben.

Wenn wir nun mal den Lebenszyklus in groben Zügen betrachten, dann sehen wir, dass es in jedem Lebensabschnitt ganz bestimmte Eigenschaften der Zeit gibt. Doch ein Trend zeichnet sich bis zum jungen Erwachsenen immer wieder ab. Es ist das Warten auf einen nächsten Status oder einen sogenannten Entwicklungsschritt. Auf einen Übergang in eine andere Lebensphase, in der wir in unserer Vorstellung wachsen und uns entwickeln.

Hand aufs Herz, haben Sie nicht in Ihrem Leben immer wieder mal gewartet? Als Kleinkind darauf, dass Sie endlich in den Kindergarten kommen, um mit den Größeren zusammen sein zu können, um dazu zu gehören, dann auf die Einschulung, um Lesen und Schreiben zu können, in die nächste Schulstufe zu gelangen, um auf die Erstlinge herabsehen zu können, als Jugendlicher auf das Erreichen des Alters, um Motorfahrrad oder später Auto fahren zu können, und so weiter?

UNSERE ENTWICKLUNG

Das Warten respektive das Erreichen einer nächsten Lebensphase war in unseren Jugendjahren einprogrammiert. Unser Warten, das mit dem Wunsch, dem Trieb oder der Motivation, uns zu entwickeln, einher geht. Es ist ein wichtiger Schritt auf dem Weg unserer Entwicklung. Warten wir nicht insgeheim sogar im fortgeschrittenen Lebensalter auf die Zeit nach der Pensionierung? Einige arbeiten doch nur, um eines Tages nicht mehr arbeiten zu müssen. Eine solide Finanzplanung mit allen Möglichkeiten der Ersparnisse im Arbeitsleben kann uns sicherstellen, dass das finanziell aufgeht, dass wir uns bis zu dieser Zeit eine erfüllende Freizeitbeschäftigung erarbeitet haben, dass das die Beziehung aushält, wenn man sich dann auf die Pelle rückt.

Sollte das Verlangen nach dem Erreichen eines nächst höheren Status einmal aufhören und eine gewisse Lethargie in unserem Leben Einzug halten, springt dann das Warten in die Hoffnung über? In die Hoffnung, dass man noch lange gesund bleiben kann, dass man ein schönes Alter erleben kann? Unsere Entwicklung wird immer weitergehen. Stillstand führt zu Frust, Resignation oder sogar zu unserem Tod.

ÜBERGÄNGE DES LEBENS

Jeden Augenblick durchläuft unser Körper viele unterschiedliche Phasen, die mit körperlichen Prozessen wie z. B. Verdauung und Immunabwehr sowie mit dem Auf- und Abbau unseres Körpers zu tun haben. Dabei verändern sich jeweils die Vitalität und die Chemie der Körperzellen. Es ist nicht einfach, dabei innerlich stabil zu bleiben.

Darüber hinaus gibt es Zyklen, die von außen auf uns einwirken. Das Kundalini-Yoga kennt drei große Lebenszyklen, die uns in jeder Lebensphase unterschiedlich prägen. Es sind dies der 7-Jahre-, der 11-Jahre- und der 18-Jahre-Zyklus.

Unser Leben ist grundsätzlich von Rhythmus geprägt. Am anschaulichsten sind hierbei der Atemrhythmus und der Tag- und Nachtrhythmus. Wenn diese Rhythmen gestört werden, hat dies Auswirkungen auf unseren Körper und unsere Psyche, sprich auf unsere Gesundheit. Einige Rhythmen laufen dabei eher unterbewusst ab.

Der Süchtige kennt den Rhythmus, der geprägt ist von den Phasen zwischen der Lustbefriedigung und dem Schmachter. Nach der Bedürfnisbefriedigung, z. B. durch eine Zigarette, ist der Betroffene ein wenig betäubt. Aber immer nach einiger Zeit treten Körper oder Geist (je nach dem, um welche Droge es sich handelt) erneut in einen Zustand ein, in dem das Verlangen die Willenskraft übersteigt (den Schmachter). Wenn dann die Gier befriedigt ist, fängt der Zyklus von vorne an.

Der Tag- und Nachtrhythmus ist ein planetarer Zyklus, der uns als Bewohner des Planeten Erde direkt beeinflusst. Innerhalb eines Tages dreht sich die Erde einmal um sich selbst. Dies wird als ein Atemzug der Erde bezeichnet.

Einen großen und oft unterschätzten Einfluss übt die Bewegung des Mondes aus. Sie ist für die Gezeiten der Meere verantwortlich und bewirkt Veränderungen im Hormonhaushalt des Menschen. Besondere Bedeutung kommt dabei den Mondpunkten der Frau zu, die mit einem zweieinhalb-Tage-Zyklus für Stimmungsschwankungen verantwortlich sind. Bekannter ist die Auswirkung des Vollmondes, der angeblich viele Menschen unruhig schlafen lässt. Nachgewiesen ist dieser Zusammenhang jedoch bis heute nicht. Gemeinhin denkt man, ist es sinnvoll, bei zunehmendem Mond Neues ins Leben zu bringen und bei abnehmendem Mond Unerwünschtes zu entfernen.

JAHRSIEBTE

In unserem Körper erneuern sich die Zellen regelmäßig. Zwischen zehn und 50 Millionen Körperzellen baut unser Körper pro Sekunde ab und ersetzt sie durch neue. Rein rechnerisch sind wir alle sieben Jahre ganz neue Menschen. So gesehen sind im Durchschnitt die Zellen eines 50-Jährigen gerade einmal zehn Jahre alt.

Vielleicht aus diesem Grund findet die Entwicklung des Menschen in sogenannten Jahrsiebten statt.

› Mit 0 Jahren: Die Geburt des physischen Leibes, danach die Ausbildung desselben.
› Mit 7 Jahren: Der physische Leib ist fertig ausgebildet. Danach findet nur noch Wachstum statt. Der Äther- oder Lebensleib wird geboren. Er ist für die Gedankenkräfte zuständig.
› Mit 14 Jahren: Der Astralleib wird geboren. Dies ist der Träger des Gefühlslebens, dies geht einher mit der Geschlechtsreife.
› Mit 21 Jahren: Das «Ich» kommt zur Wirksamkeit, unser individueller Kern. Zugleich wird die Empfindungsseele geboren.
› Mit 28 Jahren: Die Verstandesseele wird geboren.
› Mit 35 Jahren: Die Bewusstseinsseele wird geboren und findet ihre Ausbildung in den folgenden 7 Jahren bis 42.
› Die Seelen Anteile danach sind «Veredelungen» bzw. Umbildungen der schon vorhandenen Anteile.

Die Aussage, dass es aber am besten sei, im zehnten Jahrsiebt zu sterben, da in dem darüber hinaus gehenden Alter der Mensch nur ein gebrechlicher und unnützer Greis sei, stimmt schon lange nicht mehr.

Bei den Römern wurde ein Mann erst als «Mann» bezeichnet, wenn er über 40 Jahre alt war, also seine Bewusstseinsseele einigermaßen ausgebildet war. Dann durfte er Senatsmitglied werden.

Bei den Indern fängt ein richtiger Mann mit 42 an, seinen spirituellen Pfad zu gehen, und wenn alles gut geht, erlebt er mit 49 sein erstes kleines Samadhi (Erleuchtung).

DER 7-JAHRES-ZYKLUS

Der 7-Jahres-Zyklus hat viele historische Quellen. Er beruht auf den Winkeln des Planeten Saturn. Im Kundalini-Yoga wird dieser Zyklus als der Zyklus des Bewusstseins bezeichnet. Untersuchungen haben ergeben, dass alle sieben Jahre eine Veränderung ansteht. Dabei muss es nicht immer eine große, einschneidende Veränderung sein.

Innerhalb des Zyklus können Prozesse oder eigene Projekte angeschoben werden, die mit dem ersten Jahr ihren Anfang nehmen und mit dem siebten Jahr für den nächsten Zyklus vorbereitet werden. Eltern erleben die Gefühle und die Themen, die ihnen als Kinder in ihren jeweiligen Lebensabschnitten wichtig waren, erneut, wenn ihre Kinder in die entsprechenden Phasen eintreten.

Bitte schauen Sie auf Ihr Leben zurück. Schreiben Sie auf, was im entsprechenden Zyklus geschehen ist, gegebenenfalls welche Weichen in Ihrem Leben dabei gestellt wurden.

DER 11-JAHRES-ZYKLUS

Der 11-Jahres-Zyklus ist der Zyklus der Intelligenz. Dieser steht im Einklang mit der Yoga-Philosophie und ist in anderen Traditionen eher unbekannt. Innerhalb dieses Zyklus entwickelt sich unser Verstand aufgrund der gemachten Erfahrungen eine Stufe weiter bzw. sollte er sich eine Stufe weiterentwickeln.

Unsere Sonne, das Kraftwerk, das uns am Leben erhält, kennt den sogenannten Sonnenzyklus. Dabei werden alle 11 Jahre außergewöhnlich starke Eruptionen auf der Oberfläche gemessen respektive beobachtet. Dabei stößt die Sonne große Mengen hochenergetischer Teilchen ins Universum aus. Wenn diese die Erde erreichen, zaubern sie Polarlichter an den Himmel. Sie verbiegen das Magnetfeld, das uns vor ebendiesen Teilchen schützt. Daher kann ein Sonnensturm den Flugverkehr und die Stromversorgung stören.

DER 18-JAHRE-ZYKLUS

Der 18-Jahre-Zyklus hängt ebenfalls mit der Mondbewegung zusammen. Alle 18,7 Jahre befindet sich der Mondknoten wieder an der gleichen Stelle wie bei unserer Geburt. Dieser Zyklus wird Zyklus des Lebens genannt, da er die Konditionen, die unser Leben prägen und formieren, beeinflusst. Nach 18 Jahren treten wir aus der Jugend ins Erwachsenenalter ein. Mit 37 (zweimal 18,7) beginnt der mittlere Lebensabschnitt. Die 4. Etappe ist eine Phase, in der die Weisheit des Alters an andere weitergegeben werden kann. Sie dauert vom 55. bis zum 74. Lebensjahr. Danach ist die Zeit, um die Früchte des Lebens zu genießen.

ÜBERSICHT

Diese drei Zyklen zusammengenommen ergeben ein funktionales System, das uns dabei helfen kann, ein harmonisches Leben zu führen. So sollte z. B. nach Abschluss des 1. Lebenszyklus nach 18 Jahren das Bewusstsein die eigene Lebensenergie zweieinhalb Mal übersteigen und die Intelligenz entsprechend dem Faktor 1,64 entwickelt sein. Nach 37 Jahren betragen die Faktoren 5,2 für das Bewusstsein bzw. 3,36 für die Intelligenz.

Es gibt wichtige Lebensabschnitte, bei denen sich die Zyklen überlappen. Diese sind z. B. mit 21/22 Jahren beim Übergang zu einem verantwortlichen Leben und der Öffnung für die Gemeinschaft, und mit 42 bis 44 Jahren, wenn die Midlife-Crisis einsetzt. Dies ist die Zeit für einen Neubeginn oder eine Verfestigung der Routine. Mit 55/56 Jahren beginnt unsere 3. Geburt, die Zeit, um ruhig zu werden, und mit 77 Jahren die Zeit, in der das Wissen als Vorbereitung auf den bevorstehenden Tod weitergegeben werden soll.

Unabhängig von diesen zentralen Übergängen hat jeder Lebensabschnitt seinen Reiz und seine Herausforderungen. Das ganze Leben kann als zuerst aufsteigenden und anschließend absteigenden Zyklus betrachtet werden (Glockenkurve). Die Zeit bis zum 35. Geburtstag gilt als aufsteigende Welle und die Zeit danach als absteigende. Bei der Geburt verdeckt die Sonne einen Fixstern am Himmel. Dieser Stern gilt als der persönliche Wächter oder Engel des Lebens. Nach 72 Jahren hat sich die Sonne um einen Grad weitergedreht und verdeckt diesen Stern nicht länger. Egal, ob das Karma oder die Aufgabe des Lebens gemeistert wurde oder nicht, das Leben lässt uns wieder frei.

MÖGLICHKEITEN

Was hätten wir doch für unendlich viele Möglichkeiten, wenn wir nur immer mit unserer Zeit so umgehen könnten, wie wir wollten. Unsere Möglichkeiten, die Lebenszeit erfüllend zu gestalten sind, allgemein größer, als wir annehmen.

Der Umgang mit der Zeit ist für uns in jeder Lebens- oder Stimmungslage verschieden. Manchmal erwischen wir einen guten Moment, mit ihr umzugehen, dann wieder einen eher schlechteren. Die Einflüsse, die den Umgang mit der Lebenszeit maßgeblich beeinflussen, sind mannigfaltig. Es lohnt sich also, diese Einflüsse im Detail anzuschauen.

Unsere Leistungsfähigkeit, unsere Triebe und die daraus abgeleiteten Bedürfnisse geben uns Rahmenbedingungen oder Voraussetzungen vor, wie wir mit der Lebenszeit umgehen können. Diese Einflüsse sind so stark, dass sie in eigenen Kapiteln behandelt werden.

Einige von uns flüchten sich trotz der gefühlt knappen Zeit in eine Hyperaktivität. Es gibt eine Zeit in unserem Leben, in der die angeborene Angst vor dem Sterben, vor unserem unausweichlich nahenden Ende überhandnehmen kann.

LEISTUNGSFÄHIGKEIT

Die Lebenszeit ist, zusammen mit der geistigen und der körperlichen Leistungsfähigkeit, das Wichtigste, was wir auf unseren Lebensweg mitbekommen. Neben der geistigen und der körperlichen Leistungsfähigkeit ist der Umgang mit der Zeit das Elementarste, auf das wir unsere Aufmerksamkeit richten sollten. Wir sind nicht nur ein Teil der Zeit, wir sind der wichtigste Teil unserer Zeit.

Unsere Leistungsfähigkeit hat mehr mit der Zeitverwendung in unserem Leben zu tun, als wir uns vorstellen. Die Leistungsfähigkeit ist eine der Grundvoraussetzungen für unsere Möglichkeiten der Zeitverwendung. Sie setzt sich aus der körperlichen, der geistigen und der integrativen Leistungsfähigkeit zusammen. Unter Beachtung des Grundsatzes, dass das Gesamte nicht nur die Summe der einzelnen Teile ist, muss die Leistungsfähigkeit jedoch als Ganzes betrachtet werden. Die physische, psychische und mentale Leistungsfähigkeit ist als Ganzes zu betrachten. Die einzelnen Faktoren beeinflussen sich gegenseitig.

Leistung, ein Wort, das uns bald nach der Geburt ereilt oder schon verfolgt. Leistung, eine Forderung der wir uns nicht entziehen können. Leistung hat uns zu dem gemacht, was wir heute sind. Leistung bringt Wohlstand und Entwicklung. Wenn Leistung fehlt, ist nichts mehr gut, nichts mehr gut genug. Darin begründet sich die heutige Leistungsgesellschaft.

KÖRPERLICH

Für alles, was wir in unserem Leben tun, brauchen wir eine gewisse körperliche Fitness, sprich physische Leistungsfähigkeit. Daher lohnt es sich, Zeit für die Erlangung, den Erhalt und den Ausbau unserer körperlichen Leistungsfähigkeit einzusetzen. Die körperliche Fitness schlägt sich in Energie für die Umsetzung unserer Anforderungen nieder. Treppensteigen anstelle der Liftbenutzung. Zu Fuß zum Bäcker anstatt mit dem Auto. An der Arbeit stehen statt immer nur sitzen. Regelmäßig Spaziergänge absolvieren. Damit leisten wir auch einen kleinen Beitrag zur Schonung der Ressourcen unserer Erde.

Es braucht wenig, um körperlich fit zu werden, zu sein und zu bleiben. Der wichtigste Aspekt dabei ist die Regelmäßigkeit des Trainings. Dieses ermöglicht einen gesunden Körper, einen genügend hohen Fitnesslevel unser ganzes Leben lang. Dem Alter entsprechend regelmäßig und mäßig Sport zu treiben, hilft, unsere Glockenkurve der Kraft abzuflachen. Dabei wird das Wort Sport viel zu sehr strapaziert. Sport ist auch der regelmäßige Spaziergang. Die Glockenkurve beschreibt unsere am Anfang unseres Lebens ansteigende Leistungsfähigkeit, den Höhepunkt derselben und dann das stetige Abflachen der im Alter schwindenden Leistungsfähigkeit.

Bewegung ist eine Form der Veränderung und benötigt Energie. Da wir von Natur aus sehr bequem sind und für vielfältige Arten der Bewegung Hilfsmittel geschaffen haben, brauchen wir immer weniger Bewegungsenergie. Dies wiederum führt in unserer Welt des Überflusses, also auch des Überflusses an Nahrung, zu Übergewicht und darauf basierenden Krankheiten. Unsere Energiezuführung ist gegenüber der Energienutzung, des Energieverbrauchs im Überhang. Übergewicht und Krankheiten beeinflussen die freie Verwendung der Lebenszeit in nicht unerheblichem Maße.

MENTAL

Die mentale/geistige Leistungsfähigkeit ist maßgeblich verantwortlich für unsere intellektuelle Leistung. Sie basiert auf der Intelligenz, dem Geist, der Einstellung und vielem mehr. Die geistige Leistungsfähigkeit ist jedoch sehr vielschichtig und geht weit über die Fähigkeit hinaus, komplizierte Rechenaufgaben lösen zu können.

Lebenslanges Lernen ist ein Umstand, der sich überall durchgesetzt hat. Hier gilt es, geistige Fitness durch Lesen von Büchern zu Lasten des Fernsehkonsums zu fördern. Zwischendurch mal ein Sudoku oder ein Kreuzworträtsel lösen. Im Radio Diskussionssendungen anhören und im Geist mitdiskutieren. Im

Restaurant oder im Supermarkt die Konsumation im Kopf zusammenrechnen. Sich aktiv mit politischen oder gesellschaftlichen Themen auseinandersetzen. Dem Sturm der ständig eintreffenden Nachrichten standhalten und selbst denken, was in der Welt wichtig ist. Neugierig zu werden, neugierig zu sein und neugierig zu bleiben, hilft den Geist lebendig und aktiv zu halten. Wir sind grundsätzlich in der Lage, das ganze Leben hindurch geistig zu wachsen. Vor allem im Alter, wenn die körperliche Leistungsfähigkeit weniger wird, ist geistiges Wachstum trotzdem noch möglich.

Der Zusammenhang zwischen körperlicher und geistiger Leistungsfähigkeit zeigt sich im lateinischen Spruch: Mens sana in corpore sano, was ins Deutsche übersetzt in etwa bedeutet: Gesunder Geist in gesundem Körper.

INTEGRATIV

Den Körper und den Geist zu trainieren, ist eine wichtige Voraussetzung, um das Leben und damit den Einsatz der Lebenszeit meistern zu können. Da wir jedoch selten allein und isoliert agieren, sind die Voraussetzungen der Interaktion in der Familie und der Gesellschaft zu fördern.

Wir haben uns früher in Vereinen engagiert, zum Beispiel in der Feuerwehr, oder anderweitig Gemeinschaftsarbeiten durchgeführt. Diese Tätigkeiten waren nicht immer beliebt, doch ungemein effektiv im Bereich der Integration in unser soziales Umfeld. Hauptsächlich zum Zwecke der Integration in das gewählte Umfeld der Wohngemeinde war die Vereinsarbeit ein effektives Mittel, um in kurzer Zeit viele Menschen kennenzulernen. Dabei konnte die eigene Leistungsfähigkeit der Gemeinschaft zur Verfügung gestellt werden und Gemeinkosten konnten gesenkt werden. In der heutigen Zeit fehlen immer mehr die Menschen, die einem Verein, einem Sportanlass die Zeit auf kostenloser Basis zur Verfügung stellen möchten. Diese sogenannte Fronarbeit ist aus der Mode gekommen. Wir haben uns gewandelt. Wir sind durch die vielfältigen Möglichkeiten der elektronischen Kommunikation meiner Ansicht nach isolierter geworden. Wir glauben, dass wir heutzutage viel mehr von der Welt verstehen, da sich Informationen aus der ganzen Welt in unseren elektronischen Hilfsmitteln stapeln. Das Gegenteil ist der Fall. Wir haben noch nicht gelernt, dass eine neue Eigenschaft immer wichtiger wird. Es ist dies das Verstehen der Gemeinsamkeiten. Wir sind auf einem Erdball zu Hause. Diese Erde gehört grundsätzlich allen Menschen.

Der Isolationsgedanke, die beschränkte Zeit, die wir auf dieser Erde wirken können, verleitet uns zu einem egoistischen Verhalten. Dies zeigt sich im Umstand, dass sehr wenige von uns so viel besitzen.

Nun, das war schon seit jeher der Fall. Das soll aber keine Ausrede sein. Wir müssen lernen, dass wir alle in einem Boot sitzen, welches die reichen Länder schon bald verlassen wollen. Verlassen die Ratten das sinkende Schiff? So viel Geld und Energie wird in die Erforschung des Universums gesteckt. Nachbarplaneten werden gesucht und gefunden. Wir wollen überleben, egal, was es kostet. Statt diese Energie in die bestehende Welt zu investieren, geben wir die Erde gedanklich auf.

Ob in fünf Milliarden Jahren die Erde durch unsere Sonne zerstört wird, wissen wir nicht. Abgesehen davon, wollen wir wirklich einem solchen Szenario mit der Flucht weg von der Erde ausweichen? Wäre es nicht von Vorteil, wenn wir die kurzfristigen Herausforderungen entschiedener und entschlossener angehen? Wir könnten uns beweisen, jeder von uns, indem wir das Zusammenleben untereinander verbessern würden. Dazu müssten wir uns bewusst machen, dass schon andere hochstehende Kulturen verschwunden sind, ohne dass die Erde Schaden genommen hat.

Nehmen wir uns zu wichtig? Ist das der Grund, warum wir immer weiter in die Zukunft schauen und das Hier und Jetzt verdrängen?

Warum wird eine neue Energieform zur Bewegung entwickelt und gleich wieder die Leistung dazu komplett übertrieben? Ein Elektroauto mit einer Kraft von einigen Pferdestärken (PS), heute in Kilowatt (kW) ausgedrückt, würde genügen, um uns vorwärtszubewegen. Verordnete Tempolimits und eine hohe Verkehrsdichte lassen grundsätzlich kaum mehr hohe Geschwindigkeiten zu, ohne dabei die Sicherheit der Verkehrsteilnehmer zu gefährden. Dass dies ein Land wie beispielsweise Deutschland noch nicht in ihrer Gesamtheit begriffen hat, ist aus meiner Sicht für eine vernünftige Entwicklung in diesem Bereich sehr ungünstig. Wieviel Geld und Energie würden dadurch frei, um unser Leben ruhiger, reichhaltiger und nachhaltiger zu gestalten.

Für Tempoexzesse sind Rennstrecken zu bauen oder zu erhalten und zu benutzen. Da kann sich jeder von uns, wenn er sich das wünscht und wenn er überzeugt ist, dass das notwendig ist, mit einem Boliden messen. Im Straßenverkehr hat dieses Statusgehabe nichts verloren.

AUFBAU UND ERHALT

Für den Aufbau und den Erhalt der Leistungsfähigkeit sind wir, jeder für sich allein, verantwortlich. Wir können größtenteils selbst bestimmen, inwieweit wir die körperliche, die geistige und die integrative Leistungsfähigkeit gestalten wollen. Wir bestimmen die Schwerpunkte der Fähigkeiten, die ihrerseits die Möglichkeiten der Zeitverwendung vorgeben.

Wie vorgängig beschrieben, hängt die Macht oder die Ohnmacht über die Zeitverwendung in gewissem Maße von unserer Leistungsfähigkeit ab. Von Geburt weg zur Leistung getrieben ist es enorm wichtig, eine Balance zwischen möglicher und notwendiger Leistungsfähigkeit anzustreben.

GRENZEN

Die Leistungsfähigkeit eines jeden von uns hat individuelle Grenzen. Nun tun wir jedoch gut daran, nicht vorschnell unsere Grenzen zu akzeptieren. Bestehende Grenzen können überwunden werden. Sie zu überwinden, heißt wachsen und wachsen heißt, sich zu entwickeln. Wenn wir dann doch an Grenzen stoßen, lohnt es sich, folgende Überlegung mit einzubeziehen:

Beim Umgang mit Grenzen geht es immer auch um die Frage, ob wir an der Grenze unserer Stärken angekommen sind oder ob wir deshalb an Grenzen stoßen, weil wir auf Gebieten und auf eine Weise tätig sein müssen, wo unsere Schwächen Gewicht bekommen.

Stellen Sie sich vor, was passieren würde, wenn Sie bemerken, dass Sie dauernd an Grenzen stoßen, bloß, weil Sie die falsche Tätigkeit ausüben. Eine Tätigkeit, für die Sie nicht geschaffen sind. Eine Tätigkeit, die Ihnen ganz und gar nicht liegt. Glauben Sie nur nicht, dass das selten vorkommt. Viele Erkrankungen, das neue Symptom des Burn-outs und weitere Störungen in unserem Leben geschehen, weil wir dauernd an den Grenzen unserer Schwächen leben (Distress). Es lohnt sich also auf jeden Fall, die Stärken zu ermitteln. So können wir die für uns geeigneten Tätigkeiten festlegen. An Grenzen zu stoßen bei etwas, was man gerne tut und wofür man geeignet ist, bietet selten Probleme und lässt uns in der Regel wachsen (Eustress).

Als Beispiel betrachten wir einen Menschen von großer Statur. Dieser Mensch hat lange Gliedmaßen, schlanke Muskeln und einen hohen Schwerpunkt. Einen Menschen dieser Gestalt als Muskelprotz (Bodybuilding) ausbilden zu wollen, ist von vornherein zum Scheitern verurteilt. Er wird beim Versuch, zu den stärksten Menschen der Welt zu werden, scheitern. Seine Gelenke, Muskeln, sein ganzer Körper sind nicht optimal geeignet dafür. Würde dieser Mensch im Ausdauersport alles geben, wären seine Chancen, zu den Besten zu gehören, viel besser. Dieses Beispiel können Sie nun auf jeden Ihrer Lebensbereiche anwenden. Sie werden sich wundern, was Sie dabei feststellen werden.

RUHE UND ERHOLUNG

Vielfach vernachlässigt oder nicht im Fokus des Menschen ist, dass nicht nur der Aufbau von körperlicher und geistiger Kraft durch Training, sondern auch und vor allem die Erholung ein hohes Kraftpotential aufweist. Schlaf gemeinsam mit den Trainingspausen ist das Hauptelement der Erholung und beansprucht einen gewissen Zeitbedarf.

Wer vielen Anforderungen gerecht werden muss, muss sich auch entsprechend ausruhen. Dabei entsteht ein Spannungsfeld zwischen der verfügbaren Aktivzeit und der Ruhezeit. Einfach gesagt, je mehr wir schlafen, desto weniger Zeit haben wir, unsere Bedürfnisse zu befriedigen. Auf der anderen Seite jedoch ist klar, dass unsere Leistungsfähigkeiten, je weniger wir schlafen, umso geringer sind, um unsere Bedürfnisse zu befriedigen. Wenn wir viel zu lange arbeiten, leisten wir schon nach kurzer Zeit weniger, als wenn wir adäquat ausgeruht wären. In der Nacht noch E-Mails versenden, noch schnell eine Pendenz erledigen, eine neue Serie auf einem Streamingdienst schauen und somit die Grenze zwischen der Aktivzeit und der Ruhezeit kaum mehr spüren. Dieses Verhalten generiert häufig Fehler.

Ein gesunder Schlaf regeneriert uns über Nacht und gibt uns Kraft, den ganzen Tag gut zu überstehen. Eine Schlafenszeit von sieben Stunden pro Tag wird für mehr als 90 Prozent der Menschen als optimal angesehen. Dies ist unabhängig von den verschiedenen Kulturen.

Unsere Leistungsfähigkeit spielt also eine große Rolle im Umgang mit der Zeit. Die Balance zwischen Leistung und Erholung ist essenziell, um nicht viel Zeit durch die Ineffizienz in der Befriedigung der Bedürfnisse zu verschenken. Sie lässt uns stark genug sein, um mit den Veränderungen im Leben umgehen zu können. Unsere Leistungsfähigkeit hat Grenzen, denen wir Rechnung tragen müssen. Die notwendig zur Verfügung stehende Leistungsfähigkeit hängt in großem Maße von Eigenschaften ab wie unseren Trieben, Bedürfnissen und der Art des Umgangs mit der Zeit.

POSITIVE EINSTELLUNG

Durch eine positive Grundhaltung zum Leben erleichtern wir uns den Umgang mit der Zeit enorm. Beispiele sind in verschiedenen Sparten zu finden. So genesen wir mit einer positiven Grundhaltung zum Leben und zur Krankheit deutlich schneller als mit einer skeptischen oder gar negativen Haltung dazu. Aus dieser Verkürzung der Genesungszeit resultiert eine nicht unerhebliche Zeitersparnis.

Wenn uns etwas Schlimmes widerfährt, dann schaut der positiv denkende Mensch nach vorne, sieht neue Türen aufgehen, sieht Chancen und hat damit die Möglichkeit der Gestaltung der Veränderung. Der negativ Denkende hingegen schaut noch lange auf die zugeschlagene Türe des Glücks. Er merkt erst spät (wenn überhaupt), dass vor ihm neue Türen aufgegangen sind. Durch dieses Verhalten verschenkt er viel wertvolle Zeit, die ihm dann für die aktive Zukunftsgestaltung fehlt.

Unsere positive Grundhaltung kann durch eine Portion Lebensglück unterstützt werden. Darauf verlassen dürfen wir uns aber nicht. Glück ist weder planbar noch als selbstverständlich anzusehen. Eine positive Grundhaltung wird im Volksmund mit dem Vergleich der Beschreibung des Glasinhalts gleichgesetzt. Dabei signalisiert der Ausspruch, dass das Glas halbvoll ist, eine positive, die Aussage, dass das Glas halbleer ist, hingegen eine eher negative oder kritische Grundhaltung.

Was beeinflusst nun unsere Grundhaltung? Warum denkt der eine positiv, der andere eher negativ? Der Grund kann in unserer Erziehung und im Erleben in jungen Jahren, unserer geistigen Einstellung zum Leben und zur Zeitverwendung, unserem Willen und Können (Fähigkeiten) liegen. Auch bestimmen unsere Gene, die Erfahrungen, unser Umfeld und Vorbilder im ersten Lebensabschnitt einen Großteil unserer Ideale, Visionen und Ziele. Ebenfalls bestimmen unsere Grundvoraussetzungen wie die physische und psychische Verfassung mehr oder weniger die Fähigkeiten, unsere Zeitverwendung zu steuern. Unsere Einstellung gibt Aufschluss über den Willen, diese Zeitverwendung steuern zu wollen.

Betrachten wir die Zeit als Freund oder Feind? Arbeiten wir mit oder gegen die Zeit? Entscheiden wir in Eigenregie oder überlassen wir die Entscheidungen anderen? Teilen wir unsere Zeit bewusst ein oder geschieht das eher unbewusst? Sind wir esoterisch veranlagt oder rein analytisch denkend? Die Antworten auf diese Fragen bestimmen unsere Grundhaltung und unseren Erfolg im Umgang mit der Zeit.

VERANTWORTUNG ÜBERNEHMEN

Eine wichtige, vielleicht die wichtigste Voraussetzung für ein geregeltes Leben ist die Tatsache, dass wir die volle Verantwortung für unsere Zeit übernehmen. Das heißt unter anderem, dass wir unsere Lebenszeit nicht aus der Hand geben dürfen. Je mehr wir selbst die Verantwortung für unsere Lebenszeit übernehmen, desto schwieriger ist es für andere Kräfte, uns diese Zeit wegzustehlen, sie für ihre Zwecke zu missbrauchen.

Erfolgreiche Menschen übernehmen Verantwortung für das, was sie erreichen, aber auch für das, was sie nicht erreichen. Sie entscheiden nicht nur, was sie tun wollen, nein, viel wichtiger, sie entscheiden auch, was sie nicht tun wollen.

Wir sind schon einige Male dem Begriff Verantwortung begegnet. In diesem Abschnitt wird diese Verantwortung detailliert behandelt und aufgezeigt, was es heißt, Verantwortung für die eigene Lebenszeit zu übernehmen, oder eben was es heißt, es nicht zu tun. Wir haben meistens die Wahl, ob wir die Verantwortung für unsere Lebenszeit übernehmen wollen.

WAHRNEHMUNG

Die Wahrnehmung, die Bewertung und damit die Grundlagen für Entscheidungen, wofür wir unsere Zeit einsetzen, entstehen in unserem Kopf. Deshalb sind die Ansichten und Realitäten der Zeit so individuell, wie es wir Menschen sind. Obschon zwischen Wahrnehmungen unterschiedlicher Menschen Ähnlichkeiten bestehen, sind sie doch für jedes einzelne Individuum unterschiedlich, so wie es deren Bewertungen und Entscheide sind. Achten Sie mal darauf, wie Ihr Bild von der Zeit aussieht. Achten Sie mal darauf, wie andere Menschen das Bild Ihrer Zeit betrachten. Schauen Sie, wie diese Menschen aus Ihrem unmittelbaren und weiteren Umfeld auf dieses Bild reagieren.

Wie wir bereits gesehen haben, ist unsere Wahrnehmung der Zeit verschiedensten Einflüssen unterworfen. Fixe Denkmuster wie zum Beispiel:

› Ich muss alles selbstmachen
› Kein anderer kann das so gut wie ich, oder
› Wenn ich es selbstmache, habe ich alles unter Kontrolle

können uns unter Umständen etliche schwerwiegende Probleme bereiten. Meistens sind sie aus unseren vergangenen Erfahrungen manifestiert und dann fixiert worden. Durch das Aufdrängen von Meinungen anderer gemeinhin wichtiger Menschen des Umfelds können fixe, zum Teil hinderliche Denkmuster in unserem Gehirn entstehen. Befreien Sie sich von negativen Denkmustern, um möglichst objektiv Ihre Lebenszeit wahrnehmen zu können.

Die größten Lehrer aller Zeiten stimmen darin überein, dass das Gesetz der Anziehung und Abstoßung das mächtigste Gesetz im Universum ist. Einfach ausgedrückt, besagt das Gesetz: Gleiches zieht Gleiches an. Es spielt keine Rolle, wer wir sind oder wo wir sind. Das Gesetz der Anziehung gestaltet unsere ganze Lebenserfahrung und dieses allmächtige Gesetz tut dies durch unsere Gedanken. Das Gesetz der Anziehung wirkt immer, ob wir es glauben, verstehen oder nicht.

Eine spezielle Art, mit der Zeit umzugehen, ist, sie sich zum Freund zu machen und mit der Zeit zu leben und zu arbeiten. Die weitaus schlechtere Variante ist die, sich die Zeit zum Feind zu machen und gegen die Zeit zu leben und zu arbeiten. Mit der Zeit zu leben und zu arbeiten, bedeutet, die meiste Zeit ein glückliches, ausgefülltes Leben führen zu können. Mit wenig Energie und Widerstand können wir im Einklang mit der Zeit unseren Lebensweg beschreiten. Gegen die Zeit zu leben und zu arbeiten, bedeutet, sehr viel Energie aufwenden zu müssen. Dauerstress, Krankheiten, Ärger und Unzufriedenheit können die Folge sein.

Das nachfolgende Sprichwort verdeutlicht diesen Aspekt sehr schön: Wer gegen das Leben und gegen die Bedingungen, die vorherrschen, ankämpft, verliert zu viel Energie, um zu gewinnen.

> *«Glauben Sie an die Macht der Gedanken, sie zu unterschätzen, wäre nicht klug. Wenn man etwas wirklich will, wird man es bekommen. Das Universum sorgt dafür. Wenn wir an Wunder glauben, geschehen auch Wunder. Weil er sich sicher ist, dass seine Gedanken sein Leben verändern können, verändert sich sein Leben. Weil er sicher ist, dass er der Liebe begegnen wird, begegnet ihm diese Liebe auch.»* – Quelle: Zitat aus dem Handbuch des Kriegers des Lichts von Paulo Coelho.

Blenden wir nochmals zurück und erinnern uns an den Talmud, der sagt:

> *«Achte auf deine Gedanken, denn sie werden zu Worten. Achte auf deine Worte, denn sie werden zu Handlungen. Achte auf deine Handlungen, denn sie werden zu Gewohnheiten. Achte auf deine Gewohnheiten, denn sie werden dein Charakter. Achte auf deinen Charakter, denn er wird dein Schicksal.»*

Der Chinese sagt:

> *«Achte auf deine Gedanken! Sie sind der Beginn deiner Taten.»*

Die Art und Weise der inneren Wahrnehmung unserer Lebenszeit, unsere Erziehung, unsere Grundhaltung dazu und – ebenso wichtig – die Entscheidungen, die wir im Laufe unseres Lebens fällen, geben uns Rahmenbedingungen vor, die den Umgang mit der Zeit beeinflussen.

Wir haben festgestellt, dass wir eine dauernde Beschleunigung unseres Lebens wahrnehmen. Schuld daran sind unter anderem die Wahrnehmung und die Bewertung der Zeit. Sie sind zentral für das Weltbild, das wir uns schaffen. Es ist essenziell für die Entscheide, die wir treffen, für die Ansprüche, die wir an unser Leben stellen, und dafür, wie wir das Leben erleben und unser Leben gestalten. Darauf aufbauend definieren wir uns unseren Sinn seines Lebens, ein zentraler Teil unseres Lebensweges, sein Rückgrat.

Ohne Veränderungen können wir den Fluss der Zeit nicht mehr wahrnehmen. Wo es keine Ereignisse mehr gibt, ist Zeit nicht mehr erkennbar und auch die Richtung wird nicht mehr erkennbar sein.

Rein rechnerisch gesehen ist die Zeit für jeden von uns genau gleich lang. Eine Stunde ist eine Stunde, heißt 60 Minuten oder '3.600 Sekunden. Nur die Wahrnehmung einer solchen

Stunde ist bei jedem von uns abhängig von unserer aktuellen Lebenssituation unterschiedlich. Sie lässt den Schluss zu, dass es für jeden von uns eine eigene Zeit gibt. Dadurch bekommen wir individuell das Gefühl, wir haben zu wenig oder zu viel Zeit. Außerdem ist ein Effekt wahrscheinlich jedem von uns bekannt. Wenn wir unter Druck eine Aufgabe lösen müssen, vergeht die Zeit schneller, als wenn wir auf jemanden warten müssen.

Leider besitzen wir kein Sinnesorgan für die Zeit. Daher müssen wir uns gelegentlich auf unser Gefühl oder, was eher noch sicherer ist, auf die effektive Zeitmessung mit Hilfe einer Uhr abstützen. Auf unser Gefühl für die Zeit können wir uns in den meisten Fällen nicht verlassen, dazu ist es zu unzuverlässig. Abzuschätzen, wie lange wir irgendwo verweilen oder wann ein definierter Zeitpunkt eintritt, fällt uns rein gefühlsmäßig schwer. Beraubt man uns der Wahrnehmungsmöglichkeiten wie Tageslicht oder Zeitmessung (zum Beispiel in einem verdunkelten Raum), tritt schon nach kurzer Zeit Desorientierung in Bezug auf die Zeitbestimmung ein. Dies führt unter anderem zu einem unregelmäßigen Tagesablauf und damit als Folge daraus zu einer Störung des Biorhythmus.

In den Ferien verlieren wir schnell mal das Gefühl, welcher Wochentag gerade ist. Dasselbe geschieht, wenn wir aus gewohnten Strukturen wie dem Arbeitsleben in die Arbeitslosigkeit oder die Pensionierung wechseln (müssen).

Speziell bei Kindern ist zu beobachten, dass sie nicht nach einem Terminkalender leben. Sie leben in ihrer Zeit und vergessen dabei ihre Umgebung und Zeitlimits, die ihre Eltern ihnen vorgeben. Da die Eltern dieses Verhalten aus ihrer eigenen Jugend kennen, wenden sie etwas mehr Zeit für die Einhaltungsprüfung dieser Limits auf. Verfehlungen werden zum Zwecke der Erziehung geahndet und damit wird dem Kind die Möglichkeit geboten, Zeitlimits als verbindlich anzusehen und für die Verletzung derselben die Konsequenzen tragen zu lernen.

Früher orientierte sich der Mensch ausschließlich an der Sonne, dem Mond und den Sternen. Das wäre heute nur noch eingeschränkt möglich, denn die Sterne sieht man heute aufgrund der akuten Lichtverschmutzung nicht mehr überall. Außerdem gibt es heute kaum einen Ort, an dem nicht eine Uhr die aktuelle Zeit angibt. Kirchen, öffentliche Gebäude wie Schulhäuser, Bahnhöfe, Geschäfte, öffentliche Verkehrsmittel stellen die Anzeige der Uhrzeit zur Verfügung. Beinahe jeder von uns trägt selbst eine Uhr oder gar mehrfach irgendwelche Geräte mit einer Uhr auf sich, am Handgelenk, in der Tasche, im Handy, im Laptop, im Auto. Uhren über Uhren, die nichts anderes anzeigen als die Zeit, die uns unaufhaltsam zwischen den Fingern verrinnt.

Wieviel Zeit wir haben und wie wir die Zeit empfinden, ist bei jedem von uns unterschiedlich. «Wenig Zeit» und «viel Zeit» sind Begriffe, die nicht generell definiert werden können. So ist für jemand, der in seinem Fach ein Genie ist, eine Aufgabenstellung mit einer Lösungszeit von einer Stunde locker zu bewältigen, einem Ungeübten im selben Fach reicht die vorgegebene Lösungszeit aber bei weitem nicht aus.

Jens Corssen sagt im Thema «Vom Umgang mit Veränderungen»: Was ist, ist, und wie ich es beurteile, ist mein ganz persönlicher Beitrag zum Leben, und bestimmt mein Erleben und mein Verhalten.

Die äußere Wahrnehmung der Zeitverwendung wird als Fremdwahrnehmung oder Außensicht bezeichnet. Sie wird durch unser unmittelbares Umfeld oder die Gesellschaft vorgenommen und beeinflusst wiederum unser Wahrnehmungsgefühl. Nimmt ein Außenstehender wahr, dass eine Person sehr lange an einem Thema arbeitet, bewertet er diese eventuell als unfähig für diese Arbeit. Die Person jedoch, die an diesem Thema arbeitet und dabei beobachtet wird, nimmt dieselbe Zeit als sehr kurz wahr, da sie intensiv an diesem Thema arbeitet. Dies zeigt auf, dass je nach Standpunkt des Betrachters die Wahrnehmung derselben Dauer einer Tätigkeit, je nach Bezug zur Tätigkeit oder zur momentanen Stimmung des Wahrnehmenden, verschieden wahrgenommen/bewertet wird.

Der Versuch, den anderen eine gute Sicht auf uns selbst zu geben, kann schnell als Angeberei bewertet werden. Dafür wenden wir teilweise viel Zeit, Geld und Energie auf.

Wir leben grundsätzlich so vor uns hin. Plötzlich jedoch können Zustandsübergänge auftreten, in denen wir von einem Zeitzustand in einen anderen wechsln, wechseln müssen. Wie unsere als angenehm wahrgenommene «genug Zeit» schlagartig zu einer als unangenehm wahrgenommenen «zu wenig Zeit» werden kann, zeigt das nachfolgende Beispiel. Ein wichtiger Termin steht an. Die Zeit ist uns davongelaufen. Wir haben den schnellen Verlauf der Zeit nicht wahrgenommen. Unser Blick auf die Uhr zeigt an, dass kaum noch Zeit bleibt, diesen Termin einzuhalten. Dies führt zu einer plötzlich wahrgenommenen Zeitnot.

Was geschieht nun in unserem Körper, wenn wir wissen oder das Gefühl haben, dass wir einen wichtigen Termin verpassen könnten? Adrenalin-Ausstoß, Schweißausbrüche, Zittern, hektische Aktivitäten beim Versuch, den Termin doch noch wahrnehmen zu wollen. Ausreden finden, Rechtfertigung zurechtlegen, Unaufmerksamkeit, Unfallgefahr, Risiken eingehen. In vielen Fällen wäre es klüger, wenn wir in so einer Situation einfach nichts tun würden. Der Termin wäre zwar verpasst, doch Hand aufs Herz – in vielen Fällen wäre das doch nicht schlimm. Die möglichen negativen Folgen der unüberlegten, hektischen Aktivitäten sind meistens viel schwerwiegender. Dass wir trotzdem immer wieder diese Hektik an den Tag legen, hat seine Gründe. Manchmal sind es die Angst vor den Konsequenzen, der Verlust der von anderen Mitmenschen attestierten Zuverlässigkeit oder die Angst, einen günstigen Status zu verlieren.

Ein junges Paar erreichte ihren gebuchten Flug nicht, weil es sich um drei Minuten verspätete (Madrid 2008 Spanair-Jet Flugnummer JK 5022). Der Ärger über diesen verpassten Flug war zu Beginn groß. Die Umstände zur Erreichung des Reiseziels mittels einer Umbuchung schienen beinahe unüberwindlich, mindestens aber ärgerlich. Der Ärger am Zielort über das Nichteintreffen dieses jungen Paares schien sicher. Doch es kam alles anders. Das Flugzeug stürzte ab und bis auf 19 Schwerverletzte starben alle Passagiere. Stellen Sie sich nun vor, was in diesem Paar vorgegangen sein muss. Die gesamte Wahrnehmung dieser anfänglichen ärgerlichen Situation relativierte sich in diesen wenigen Sekunden, in denen sie die Nachricht des Flugzeugabsturzes empfingen. Sie lebten noch, konnten die Reise später antreten, konnten den Termin doch noch wahrnehmen, wenn auch verspätet.

GEFÜHL

Wir verlassen uns gelegentlich auf unser Zeitgefühl. Dass kann ungünstige Folgen haben. Haben Sie sich zum Beispiel schon verschlafen, weil der Wecker nicht funktioniert hat? Sind Sie schon zu spät zum Bahnhof oder zur Bushaltestelle gekommen, weil Sie die Zeit falsch eingeschätzt haben? All das geschieht, weil wir ohne die Konsultation einer die genaue Uhrzeit anzeigenden Uhr kaum in der Lage sind, die Zeit zuverlässig und genau zu bestimmen.

Seit überall Uhren angezeigt werden, fällt es uns noch schwerer, die Zeit zu bestimmen. Dazu kommt, dass die Anforderungen an die Zeitbestimmung mit unseren teilweisen überfrachteten Kalendern stark gestiegen sind. Heute jagt in der Regel ein Termin den anderen. Im Privatleben sind dies zum Beispiel Einkäufe, Sportveranstaltungen, Freizeitaktivitäten, vielfach verbunden mit diversen Fixterminen wie Wellness-Behandlungen, Massagen, Coiffeurbesuchen und vielem mehr. Es scheint, dass wir diese Terminsucht, die oft im Arbeitsleben fußt, auch im Privatleben nicht mehr weglassen können. Es drängt sich die folgende Frage auf: Wann haben Sie das letzte Mal einen ganzen Tag ohne Uhr verbracht und dabei nicht dauernd auf die vielen Uhren in Ihrem Umfeld geschaut?

Ein Ergebnis der gefühlten Zeit könnten Hetze, Langeweile oder Entspannung sein. Können wir uns nun auf dieses Ergebnis verlassen? Nein, es ist ja nur eine Wahrnehmung und nicht die Realität. Diesen Aspekt gilt es in allen Lebenslagen zu beachten. Reagieren wir auf etwas Reales oder auf eine Fiktion, die in uns selbst entsteht und nur von uns so erlebt wird?

Haben nicht Sie selbst schon einmal so ein Erlebnis gehabt? Es muss nicht gleich dramatisch sein. Der Umstand, einen Termin zu verpassen, muss nicht zwangsläufig ein negatives Ereignis sein. Es kann sich auch zum Guten wenden. Überlegen Sie sich ein eigenes Beispiel oder ein Beispiel eines nahestehenden Menschen, der ebenfalls einen Termin verpasste und dadurch eine neue Chance gefunden hat. Der Volksmund sagt dazu: Es kam so, wie es kommen musste.

Da wir die Zeit zwar gefühlsmäßig wahrnehmen können, aber kaum einen Bezug zur Dauer des Zeitablaufs haben, ist es für uns schwierig, eine Aufgabe, die in der Zukunft liegt, zum richtigen Zeitpunkt zu beginnen. Da wir von der aktuellen Zeit aufgefressen werden, verschieben wir teilweise alles, was in unseren Plänen weiter weg ist, bis auch dieser geplante Termin uns dann Schmerzen bereitet. Es ist, als ob wir nur einen sehr begrenzten Zeitraum um unsere Gegenwart herum realistisch abschätzen können. Alles andere, alles, was weiter weg liegt, wird in unserer Realität verdrängt oder verzerrt dargestellt. Es heißt, dann wir vergessen die Zeit.

ZEITMESSUNG

Was messen wir eigentlich, wenn wir die Zeit messen? Die Zeit ist doch nichts anderes als ein Hilfskonstrukt für ablaufende Prozesse. Wir wollen jedoch jederzeit die Kontrolle über diese Prozesse behalten, daher versuchen wir, die Zeit zu beherrschen, indem wir sie überall und jederzeit messen und anzeigen.

Als die Zeit im Mittelalter – durch die Erfindung der Uhr – messbar wurde, bekam sie eine wirtschaftliche Dimension, die soziale Veränderungen nach sich zog. Da wir heute im Sinne des

Leistungsgedankens, der unser gesamtes Leben durchzieht, fast alles in Beziehung zur Zeit setzen, ergeben sich daraus gesellschaftliche und persönliche Probleme. Unter Zeitdruck sein, keine Zeit haben oder keine Zeit mehr für sich selbst haben, sind Ausdruck (sowie Ausdrücke) und Symptome von Stress-Situationen und unbewältigten Konflikten, deren Ursache weniger im Büro oder Kinderzimmer als mehr im eigenen Inneren zu suchen sind. Wenn wir bereit sind, uns neu zu reflektieren und (über Entspannung) in uns hineinzuhören –, ja, Zeit als einen Teil von uns selbst zu spüren –, werden wir einen selbstbestimmteren und selbstbewussteren Umgang in Konfliktlösungsprozessen und in unserer Befindlichkeit erleben.

Trotzdem wir die Zeit immer und jederzeit messen und anzeigen und alles unternehmen, um Zeit einzusparen, haben wir immer weniger Zeit.

VERÄNDERUNG

Was prägt uns und unsere Zeit so enorm? Es ist die Veränderung, der Umbruch, der Wandel, der im Laufe der Erdengeschichte immer wieder vollzogen wird. Nicht umsonst heißt ein Spruch: Nichts ist beständiger als der Wandel. Alles ist immer im Fluss, stetig dem Wandel unterworfen. Dieser Wandel bringt Entwicklung in unser Leben. Wenn alles gleichbleibt, wir stehen bleiben, ist eine Entwicklung nicht möglich.

Unser Leben ist von Wandel geprägt. Der Wandel bezieht sich dabei auf den Wandel der Weltgeschichte, den Wandel der Gesellschaft und unseres unmittelbaren Umfelds und den Wandel in unserer Entwicklung. Der eine sieht im Wandel eine Chance, der andere eine Gefahr. Doch wenn wir unser Leben betrachten, wird unser Leben von Stunde zu Stunde reichhaltiger. Reichhaltiger an Erfahrung, schönen Erlebnissen, allerdings auch weniger schönen Erlebnissen, die unseren Wissensschatz anreichern. Ein großer Wandel, der hinter uns liegt, ist der Wandel vom Mittelalter zur Neuzeit.

Der Begriff Veränderung enthält keine Bewertung – er ist weder abwertend noch aufwertend; dagegen ist zum Beispiel der Begriff Fortschritt aufwertend. Gleichwohl findet im Alltag oft eine sprachlich-psychologische Bewertung statt oder eine Verbindung mit einer oder mehreren Nebenbedeutungen. Beispiele sind zu finden in Abkehr oder Abwendung, bei denen eine eher negativ wahrgenommene Anpassungsreaktion stattfindet, während eine aktive Verbesserung als positive Korrektur und Modifikation wahrgenommen wird.

> «Gemäß dem I Ging steht das Leben niemals still; alles
> im Universum ist in ständiger Bewegung und unterliegt
> den Gesetzen des Wandels. Jede Situation, selbst wenn

sie scheinbar in eine Sackgasse führt, öffnet eine Tür zur Selbsterkenntnis durch Veränderung. Jedes Mal, wenn man eine solche Gelegenheit zur Veränderung nicht wahrnimmt, begeht man eine Sünde gegen das Leben selbst.» – Quelle: Frits Blok, I Ging, Die Landschaften der Seele.

Es verändert sich das Universum durch die laufende Expansion, das Aussehen der Erde durch die Verschiebung der Kontinentalplatten. Wir selbst durch unsere Handlungen, unsere Entwicklung, das Umfeld, durch die Gesellschaft, die Kommunikation und die Technologie.

Manchmal sind Veränderungen marginal, manchmal gravierend. Manchmal laufen sie langsam, manchmal plötzlich und schnell ab. Sind die Veränderungen marginal und laufen langsam ab, glaubt der Mensch, in einer stabilen Zeit zu leben. Sind die Veränderungen gravierend und laufen sie schnell und plötzlich ab, fürchtet sich der Mensch davor.

Alles, was ein Anfang hat, hat auch ein Ende. Eine Veränderung wird immer durch ein Ereignis angestoßen, das deren Anfang begründet. Sie löst in uns gewisse Reaktionen aus. Der eine freut sich darüber, der andere ängstigt sich vor ihr und ein Dritter verdrängt sie, solange es geht. Nach einer gewissen Zeit der laufenden Veränderung wachsen wir in einen bekannten, akzeptierten und gewohnten Zustand hinein. Eine Veränderung kann durch eine Entscheidung von uns selbst oder durch ein Ereignis einer äußeren Macht angestoßen werden.

Eine etwas differenziertere Meinung vertritt Jean Gebser. Er beschreibt, dass wir im Umbruch von den mentalen Bewusstseinsstrukturen zu den integralen Bewusstseinsstrukturen sind. Das mentale Bewusstsein wird durch das integrale Bewusstsein abgelöst, ohne dass dadurch die magischen, mystischen und mentalen Bewusstheitsstrukturen verschwinden werden. Der Prozess ist voll im Gange und zeigt sich in Kunst, Kultur und Architektur. Wie jeder Wandel muss auch dieser Wandel von der Zeithaftigkeit zur Zeitfreiheit über eine lange Zeit und mit gewaltigem Aufwand erkauft werden.

Viele Menschen wissen noch nicht einmal, dass dieser Wandel ansteht. Sie erleben zwar bereits gewisse Auswirkungen. Beispiele sind der Verlust gegenüber Autoritäten wie Exekutivorganen der Polizei, der Feuerwehr und weiteren Ordnungshütern. Ebenso die Auflehnung gegenüber Despoten und Herrschern, die mit Hilfe von neuen Kommunikationsmedien ermöglicht/unterstützt werden. Außerdem sieht man in der Architektur, dass der Trend hin zu einer Durchsichtigkeit der Gebäude immer mehr überhandnimmt. Doch noch können die meisten Menschen diese Ereignisse nicht dem kommenden Wandel zuordnen.

Was bedeutet es uns, etwas zu beenden und damit etwas Neues beginnen zu müssen? Das Ende bedeutet in den meisten Fällen die Aufgabe von etwas Bekanntem, etwas, an das wir uns gewöhnt haben, das wir kennen und das uns in der Regel behagt. Wir geben aus diesen Gründen dieses Bekannte nicht gerne auf. Wir sind unsicher, ob wir es in Zukunft wiederbekommen. Wir geben nicht einmal etwas, das uns in der aktuellen Situation Kummer bereitet, gerne auf.

Unsere Überlegung dazu: Das Neue könnte ja noch schlimmer als das Bestehende, Kummermachende sein. Im Volksmund werden wir daher gerne als Gewohnheitstier bezeichnet.

Das Ende wird dann als positiv erlebt, wenn etwas Unangenehmes wie Schmerzen, Unterdrückung oder Not beendet wird, als negativ, wenn etwas Angenehmes, Schönes, etwas Bekanntes, etwas Vertrautes endet. Trotz allen Schreckens, den das Ende verbreiten mag, darf nicht vergessen werden, dass jedes Ende einen großen Vorteil zu bieten hat – es ermöglicht einen neuen Anfang.

Ein neuer Anfang beherbergt Chancen, Möglichkeiten, das Leben zu bereichern. Die Erfahrung hat gezeigt, dass das Neue in einigen Fällen besser als der bestehende Zustand ist, auch wenn das in der aktuellen Lage nicht immer sofort eingesehen wird. Im Nachhinein betrachtet gibt es bei uns Veränderungen, die wir, hätten wir die Auswirkungen vorher gekannt, gerne schon früher angestoßen hätten.

DAS WESEN VERÄNDERUNG

Grundsätzlich können wir davon ausgehen, dass Veränderungen für uns gut sind. Veränderungen sind aber nicht nur gut, sie sind außerdem unumgänglich in unserem Leben. Wie bereits erwähnt, gibt es ohne Veränderungen keine Zeit, keine Entwicklung, keine Verbesserungen, keine Evolution. Nicht ohne Grund gibt's den Ausspruch: Stillstand bedeutet Rückschritt. So kann man mit Fug und Recht behaupten: Der Mensch weiß nicht, ob es besser werden wird, wenn es anders wird, aber es muss anders werden, damit es besser werden kann.

Wir denken vielleicht, dass wir jederzeit selbst entscheiden können, uns zu verändern, etwas anderes zu tun oder eine Veränderung anzunehmen. Dies ist jedoch ein Irrtum. Viele Veränderungen werden außerhalb unseres Einflussbereichs angestoßen und wir haben diesen Veränderungen Rechnung zu tragen. Doch sogar bei uns selbst haben wir nur unter gewissen Bedingungen die Möglichkeit, Veränderungen selbst anzustoßen.

Wie der Selbst-Entwickler Jens Corssen im Umgang mit Veränderungen schrieb, gilt:

«Nur wer weiß, dass er das, was er gerade tut, wirklich will, kann sich entscheiden, etwas anderes zu tun, zu neuen Ufern aufzubrechen.» – Quelle: Jens Corssen

Veränderungen kommen manchmal auf leisen Sohlen daher. Wir spüren sie unter Umständen. Wir spüren, dass eine uns unbekannte Kraft uns unruhig werden lässt. Wir spüren, dass sich etwas bemerkbar macht, doch sind wir nicht in jedem Fall in der Lage, festzustellen, was es ist. Wir spüren einen Wandel, doch den Wandel wohin? Die Veränderung schwelt lange Zeit vor sich hin. Die langsam von statten gehenden Veränderungen erkennen wir nur sehr schwer. In der Tierwelt kennt man das unter dem Begriff Bewegungsseher. So kann ein Reh unbewegliche Menschen kaum visuell wahrnehmen. Schon leichte Bewegungen werden jedoch sofort registriert und darauf reagiert. Plötzlich auftretende Auswirkungen von Veränderungen überraschen uns dergestalt, dass wir Mühe bekunden, sie akzeptieren und bewältigen zu können.

Manchmal kündigt sich eine Veränderung nicht an. Doch eines Tages ist der Druck so groß, dass die Veränderung hervorbricht. Vergleichbar mit dem langsamen Aufbau einer Magmakammer unter der Erde und dem darauffolgenden Vulkanausbruch – plötzlich mit einem Paukenschlag bricht die Veränderung durch.

Veränderungen mischen sich ungefragt ein, können große Freude, aber auch große Probleme mit sich bringen. Das Wesen der Veränderung ist omnipräsent und doch teilweise kaum sichtbar. Es schlägt zwischendurch unerwartet auf unserem Lebensweg zu. In keiner Lebensphase sind wir vor Veränderungen sicher. Es betrifft nicht nur uns, sondern unser gesamtes Umfeld, die Gesellschaft, die Kommunikation, die Technologie. Nein, böswillig ist es nicht. Es trifft alle unabhängig von der Herkunft oder Kultur. Den einen trifft es mehr, den anderen weniger. Der eine geht einfacher mit diesem Wesen um, der andere tut sich damit schwerer. Aber alle müssen sich ihm beugen, denn vertreiben lässt es sich nicht. Die Aufgabe, die dieses Wesen der Veränderung dem Menschen stellt, muss er auf die eine oder andere Weise bewältigen.

> «Bei jeder ungewöhnlichen, unangenehmen Situation gilt der folgende Ausspruch: Die Situation ist dein Coach und du bist ihr Schüler.» – Quelle: Jens Corssen.

Wenn ein Problem auftritt, ist es unumgänglich, dass es gelöst werden muss. Dabei hilft die Grundhaltung, dass uns Problemlösungen stärker, weiser und erfahrener machen.

> «Wenn du ein Leben führst, das offen für die Lektionen ist, die das Universum dir zu bieten hat, kannst du dir sicher sein, dass die richtige Lektion immer zum richtigen Zeitpunkt kommen wird, ganz gleich, wer dein Lehrer oder was der Gegenstand deines Lernens ist.» – Quelle: Jens Corssen.

BEIM MENSCHEN

Wir verändern uns auf vielfältige Weise. Einerseits durch unsere Entwicklung vom Kleinkind zum Greisen, durch die Erziehung und das soziale Umfeld. Doch auch unsere Umwelt und die daraus entstehenden Einflüsse verändern uns andererseits. Mit diesen umfangreichen Veränderungen ändern sich manchmal unser Sinn und unsere Ziele im Leben. Einzig unsere Bestimmung ist das ganze Leben lang dieselbe.

Wichtige Stationen auf dem Weg durch die Veränderungen sind: als Kind das Lernen und die Entwicklung zu einer eigenständigen Persönlichkeit, als Jugendlicher die Ausbildungen, das Erlernen eines Berufes, die Erlangung der sexuellen Reife, als Erwachsener die Bildung einer Familie, die Bemühungen für eine Karriere und als Rentner die Bewältigung des Lebensabends und der Erhalt der Gesundheit.

Was hat ebenfalls in der heutigen Zeit einen enormen Einfluss auf unsere Lebenszeit?

Blättert man nur ein paar Seiten in den Geschichtsbüchern zurück ins 19. Jahrhundert, so sieht man eine gravierende Veränderung von der damaligen Großfamilie zu der heutigen Lebensweise der einzelnen Familienmitglieder.

Die Großfamilie in früheren Zeiten stellt dabei die einfache Familienstruktur (Ordnung) dar. Viele Menschen verschiedenster Generationen lebten unter einem Dach. Die Kommunikationswege waren kurz. Viele Hände waren in der Lage, die anfallenden Arbeiten und Kosten zu tragen.

Seit vielen Jahren expandiert diese Gesellschaftsform der Großfamilie. Man könnte schon fast sagen, dass die Strukturen explodieren. In alle Himmelsrichtungen versprengt es die einzelnen Familienmitglieder. Die Familienstrukturen werden dadurch immer komplexer, sprich, jedes Familienmitglied lebt an einem anderen Ort, sie entfernen sich voneinander.

Nur durch eine Synthese aus Kommunikation, Fahrstrecken und Energieaufwand für die Einzelhaushalte kann der Zusammenhang zur früheren Großfamilie wiederhergestellt werden. Es sind viel mehr Informationen notwendig, um die gesamte Familie zu beschreiben. Doch nicht nur die Komplexität der Familienstrukturen hat sich verändert.

Die Scheidungsrate beträgt mittlerweile schon über 50 %. Durch das Eingehen neuer Beziehungen entstehen sogenannte Patchwork-Familien.

Zu den Familienmitgliedern der ursprünglichen Beziehung kommen neue Mitglieder anderer Familien, teilweise auch anderer Kulturen hinzu. Dabei entstehen wiederum neue komplexere Konstrukte von Großfamilien.

Ein weiteres Beispiel für komplexere Strukturen sind Veränderungen im Vereinswesen. Früher besuchte man Vereinsanlässe gemeinsam. In Fahrgemeinschaften besuchte man diese, blieb über den Vereinsanlass hinaus zusammen und fuhr ebenfalls gemeinsam wieder nach Hause. Heute fährt jedes Vereinsmitglied individuell zum Vereinsanlass und verschwindet nach Beendigung seiner Aufgabe gleich wieder. Jeder gibt dabei individuelle Motive an, die anscheinend keinen Aufschub dulden. Diese Veränderung kann man als Bewegung weg von der einfachen Struktur der Gemeinsamkeit (einfache Strukturen) zur höheren Komplexität der Individuallösung (komplexe Strukturen) verstehen.

IN DER GESELLSCHAFT

Betrachtet man gewisse Veränderungen in der Gesellschaft, stellt man fest, dass sich gesellschaftliche wie persönliche Normen und Werte zum Teil radikal verschoben und nachhaltig verändert haben.

Was früher als unvorstellbar schien, gilt heute als normal:

> - 9-Jährige erscheinen mit Schusswaffen im Unterricht
> - 16-Jährige können auf politischer Ebene entscheiden
> - 20-jährige Mädchen lassen sich ihre Brüste korrigieren
> - 30-jährige Männer wohnen noch immer zu Hause bei ihrer Mutter
> - 40-jährige Frauen werden zum ersten Mal schwanger
> - 50-jährige Männer werden zwangsweise pensioniert
> - 65-jährige Frauen beginnen ein Studium, legen ihre Prüfungen ab und ergreifen einen Beruf
> - 66-jährige Frauen bekommen nochmals Kinder
> - 70-jährige Männer werden (mittels eines Wachstumshormons) um 20 Jahre jünger
> - 70-Jährige ziehen zusammen, haben Spaß am Sex und beschämen ihre erwachsenen Kinder
> - 80-Jährige nehmen an Marathonläufen teil oder reisen an den Nordpol

Außerdem verlängert die moderne Medizin unser Leben entscheidend. Jeden Tag wird immer mehr Menschen zum 100. Geburtstag gratuliert.

DIE MULTIOPTIONSGESELLSCHAFT

Unsere Überforderung zeigt sich besonders in der heute vorherrschenden Multioptionsgesellschaft. Diese Überforderung wird durch das massive Überangebot an Artikeln in vielfältigster Ausprägung hervorgerufen. Dass damit andere Kenntnisse und Anforderungen an uns gestellt werden als zu Zeiten der Einfachheit, ergibt sich von selbst. Noch nie gab es so viele verschiedene Artikel, die dieselben Funktionalitäten anbieten oder ähnliche Eigenschaften zur Zweckerfüllung aufweisen.

Dies wurde notwendig, seitdem viele verschiedene Anbieter auf dem Markt sind und sich irgendwie voneinander differenzieren müssen.

Erinnern wir uns an die Werbung, in der ein Kunde einen Kaffee bestellen möchte und den die riesige Auswahl an Kaffeebohnen und Zubehör beinahe zur Verzweiflung treibt. Dies ist nur ein Beispiel für die Zunahme der Informationsmenge.

Unser Umgang mit der Multioptionsgesellschaft ist prägend für unsere Anspruchsdefinitionen. Kaum einer von uns wurde vorbereitet, mit so vielen Optionen umgehen zu können. Dieser stellt sehr hohe Anforderungen an unsere Entscheidungskompetenz. Unter so vielen Optionen die richtige für uns zu finden, ist teilweise schwer. Eine falsche Optionswahl kann kurz-, mittel-, aber auch langfristig einiges an Frust und damit wiederum auch an Lebenszeit fordern.

Beispiel: Bei aktuell günstigen Voraussetzungen wird ein Vertragsabschluss zum Kauf eines teuren Autos getätigt. Bei der Auslieferung ein halbes oder ein ganzes Jahr später haben sich die Voraussetzungen so verschlechtert, dass die Erfüllung des Vertrags nicht mehr möglich ist. Nun muss der Vertrag gegebenenfalls vorzeitig aufgelöst werden, was faktisch immer einen Verlust bedeutet. Man hat nichts mehr und bezahlt auch noch dafür.

Nicht nur, dass man die meisten Artikel, die in dieser Multioptionsgesellschaft angeboten werden, nicht wirklich braucht, allein das Wählen zwischen den vielen verschiedenen Optionen wird bereits zur Qual. Die daraus resultierende Überforderung zeigt sich unter anderem in der Anzahl an Artikel, die jeder von uns mittlerweile sein Eigen nennt. Außerdem steigt der Frust der Entscheidung mit der Menge an vorhandenen Artikeln, die im Fall einer Entscheidung nicht gekauft werden können. Stellen Sie sich vor, dass bei 100 verfügbaren Artikeln der gleichen Funktionalität bei einem Entscheid für einen Artikel 99 Artikel nicht gekauft werden können. Das muss doch einfach frustrierend sein.

Dass diese Multioptionsgesellschaft Zeit und Energie verbraucht, ist selbstredend. Auf die Belastung der Umwelt durch den dabei anfallenden Abfall wird in diesem Buch nicht eingegangen.

Getrieben vom Leistungsgedanken und der vorherrschenden Multioptionsgesellschaft werden wir dazu gedrängt, überall dabei zu sein. Dies führt unweigerlich zu vielen, dadurch aber zum Teil qualitativ minderwertigen Tätigkeiten und Ergebnissen. Wir machen alles mit, doch zu welchem Preis? Der Preis ist der, dass wir nicht mehr tief in uns zufrieden sind. Ja wir sind zufrieden mit jedem Ergebnis, das wir uns erarbeitet haben. Doch ist es selten nachhaltig und ruft meist schon kurz nach dem Erfolg nach neuen Tätigkeiten. Daraus resultieren Zeit- und Energieverlust durch eine dadurch mögliche Verzettelung.

Der Zeitverlust ist perfid, ist er doch nicht auf Anhieb in seiner ganzen Tragweite ersichtlich. Frustrationen aus nur teilweise erfüllten Anforderungen lösen erst nach einiger Zeit Probleme aus, die dann kaum mehr dem Ursprung zugeordnet werden können. Dies macht die Ursachenbekämpfung so schwierig, teilweise gar unmöglich.

VERÄNDERUNGEN IN DER KOMMUNIKATION

Zu jeder Zeit und an jedem Ort wollen wir mit der ganzen Welt kommunizieren können. Dies ergibt sich aus der Tatsache, dass immer mehr Kommunikationsmöglichkeiten geschaffen werden. So ist es möglich, immer auf dem neuesten Stand der Informationen aus der ganzen Welt zu sein. Meldungen eines Verkehrsunfalls in China sind bereits Minuten nach diesem Ereignis im Internet nachzulesen. Social Media – alle sind mit allen verbunden (Zeit) – alle wollen sich präsentieren, was zu einer Reizüberflutung führen kann. Wir sind immer online. Wir leben emotional und kognitiv am Bildschirm.

Jeder von uns weiß über Social Media-Kanäle jederzeit, wo der andere aktuell steckt, was er gerade tut. Kundenkarten der Einkaufshäuser registrieren die Gewohnheiten beim Einkaufen. Wann kauft wer welche Artikel ein. Wie könnten neue Artikel schmackhaft gemacht werden. Ist das der gläserne Mensch, nachdem sich die gläsernen, durchsichtigen Strukturen in der Architektur durchgesetzt haben?

VERÄNDERUNGEN DER TECHNOLOGIE

Hypothese: Noch nie wurde durch eine technische Geräteentwicklung mehr freie Zeit für den Menschen geschaffen.

Trotz der Entwicklung vom Rückentraggerät zum schnellen Geländewagen oder von der Pferdekutsche zum Hochgeschwindigkeitszug bewegt sich der Mensch immer noch genau gleich lang(sam) durch den Tag. Seit Menschengedenken ist der Einzelne ca. eine Stunde pro Tag auf Achse. Einzig, dass er in der heutigen Zeit eine größere Strecke dabei zurücklegt. Wussten Sie, dass Studien belegen, dass der Mensch sich heutzutage im Auto durch die Stadt durchschnittlich im Tempo einer Pferdekutsche bewegt?

Die Beschleunigung unseres Lebens ist durch die neu entwickelte Technologie erst möglich geworden. Produktlebenszyklen werden immer kürzer, was bedingt, dass die Produktentwicklung immer schneller werden muss. Es stellt sich die Frage, die bei der Geschwindigkeit von Computern immer wieder gestellt wird: Wann ist die Grenze dieser Geschwindigkeitszunahme erreicht? Ist die immer schnellere Ausdehnung des Universums die Ursache dafür, dass sich das Leben des Menschen immer mehr beschleunigt? Sind die Teilchenbeschleunigungen schuld an der sich ständig beschleunigenden Gesellschaft?

Was geschieht nun bei uns? Wir versuchen immer und überall, Zeit einzusparen. Dazu erfinden wir immer raffiniertere

Technologien, um der Zeit Herr zu werden. Dies in der Hoffnung, dass uns diese Hilfsmittel und Instrumente helfen, die Zeit besser verwenden zu können und unsere Schwächen im Umgang mit der Zeit zu kompensieren. Dafür setzen wir viel Zeit und Energie ein. Der Erfolg lässt vielfach zu wünschen übrig. Oder haben Sie das Gefühl, dass die neuen Technologien Ihnen mehr Zeit verschaffen?

Was hat sich nicht alles in den letzten Jahrzehnten geändert? Aus Telegraphen sind Smartphones geworden, aus Zeitungsmappen, die im Dorf verteilt wurden, E-Book-Reader.

Aus den Sonnenuhren sind Digitaluhren entstanden mit einer Abweichung von Sekundenbruchteilen pro Jahr. Elektronische Agenden, Notizen, Cloud-Speicher, die es erlauben, auf der ganzen Welt seine Informationen abzurufen. Social Media-Elemente erlauben es jedem, zu jeder Zeit mit der ganzen Welt verbunden zu sein. Das Global Positionierung System (kurz GPS genannt) ortet jeden Menschen und jedes Gerät an fast jedem Platz der Erde auf wenige Meter genau.

Trotzdem nehmen uns alle Technologien der Welt die Verantwortung für die Gestaltung der Zeit nicht ab.

UMGANG MIT VERÄNDERUNGEN

Schmerz, ja sofort.

Einige von uns ängstigen sich davor, wenn Veränderungen eintreffen. Wir bekommen das Gefühl, dass wenig Stabilität vorhanden ist, wenige Dinge, die nicht Veränderungen unterworfen sind. Trotzdem müssen wir mit Veränderungen umgehen können. Dabei können diese komplex sein und kaum Fixpunkte zulassen, an denen wir uns orientieren können. Bei gefühlt und real so wenig Stabilität sind wir gut beraten, wenn wir Veränderungen positiv angehen, uns einigermaßen gut auskennen und sie optimal verarbeiten können.

Wir haben aufgrund unseres Gewohnheitsprinzips mit Veränderungen unsere liebe Mühe. Einige haben zur Verarbeitung von Veränderungen spezielle Strategien entwickelt. Andere wünschen sich nichts sehnlicher als die gute alte Zeit zurück. Sie erfinden sie teilweise neu, man nennt das die Nostalgie. Wie auch immer wir Veränderungen behandeln, sie haben einen größeren Einfluss auf unsere Zeitverwendung, als er wir es uns bewusst sind.

Veränderungen werden besser sofort angepackt und nicht aufgeschoben. Diese wichtige Tatsache, sollte niemals außer Acht gelassen werden. Ein wichtiger Aspekt, der viele Veränderungen schwer erscheinen oder scheitern lassen, ist die fehlende Zeitgewährung dafür. Dabei sind es einerseits wir, die wir uns die Zeit nicht nehmen. Andererseits erschwert unser Umfeld diese Zeitgewährung. Sei es, dass bereits neue Tätigkeiten geplant und durchgeführt werden, sei es, dass man die Veränderung verdrängen will.

Schauen wir dazu in die Natur. Veränderungen dauern dort mehrere Generationen, teilweise Tausende von Jahren, um in einem Organismus adaptiert zu werden. Betrachten wir dazu die Selbstregulierung des Organismus auf gravierende Umwelteinflüsse. Beispiel: Der Atomreaktorunfall in Tschernobyl hat durch seine radioaktive Strahlung Organismen im direkten Umfeld und weit über die Landesgrenzen hinaus radioaktiv belastet.

Geht man davon aus, dass nach ca. zehn Generationen eines Organismus dieser sich an die veränderten Bedingungen angepasst hat, wären Mäuse, die fünf Generationen in einem Jahr hervorbringen, in zwei Jahren an die neuen Bedingungen angepasst. Ein Mensch hingegen, der in hundert Jahren nur vier Generationen hervorbringt, würde 250 Jahre brauchen, bis er sich an die geänderten Bedingungen angepasst hat. So scheint es, dass die Mäuse einen viel höheren Anpassungsschutz aufweisen als wir Menschen. Bäume bräuchten für eine solche Anpassung sogar noch viel länger. Mit zwei Generationen pro Jahrhundert bräuchten sie 500 Jahre, um sich anzupassen.

STRATEGIEN IM UMGANG MIT VERÄNDERUNGEN

Alles ist im Fluss (panta rhei), stetig dem Wandel unterworfen.

Der eine sieht im Wandel eine Chance, der andere eine Gefahr. Doch wenn wir unser Leben betrachten, wird unser Leben von Stunde zu Stunde reichhaltiger. Reichhaltiger an Erfahrung, schönen und weniger schönen Erlebnissen, die unseren Wissensschatz anreichern. Der große Wandel, der hinter der Menschheit liegt, ist der Wandel vom versklavten, unselbstständigen, unfreien Menschen zum eigenständigen, selbstverantwortlichen Menschen mit viel Freiheit.

Wandel heißt Veränderung und Veränderung ist gut. Diese positive Grundhaltung hilft uns, die unausweichlichen Veränderungen in unserem gesamten Umfeld inklusive unseres Selbst so einfach und effektiv als möglich zu überstehen. Die Menschheit wäre schließlich nicht da, wo sie heute steht, hätte sie die vergangenen Veränderungen nicht gemeistert.

Als erstes gilt es, eine auftretende Veränderung zu akzeptieren und das Vergangene loszulassen. Jeder Wandel heißt nichts anderes, als dass man den bis dato gültigen Zustand durch einen neuen Zustand ersetzen muss. Dazu ist die Eigenschaft der Akzeptanz der Veränderung und des Loslassens des aktuell gültigen, meist bequemen, bekannten Zustands wichtig. Das Neue ist vielleicht unbequem, sicher noch unbekannt und wird daher leider oft vorschnell als schwierig bewertet.

> «Eine gute Strategie kann uns dabei helfen,
> Veränderungen schnell und elegant zu bewältigen, sie
> heißt: Schmerz, ja sofort.» – Quelle: Jens Corssen.

Nichts auf die lange Bank zu schieben, Veränderung sofort anzupacken, erspart viele Sorgen und Nöte.

Von der Geburt bis zum Tod sind wir stetigen Umbrüchen und Veränderungen unterworfen. Obschon unsere Lebenszeit im Vergleich mit dem Universum sehr kurz ist, in der Zeit, in der wir auf der Erde weilen, sind Veränderungen, Entscheide und das Tragen der Konsequenzen daraus mitunter unsere größten Herausforderungen. Sie bestimmen zu großen Teilen unsere Zeitverwendung, ob wir uns dessen bewusst sind oder nicht.

> «Das wird uns schnell mal zu viel. Dann retten wir
> uns gerne in die gute alte Zeit, um der anstehenden
> Veränderung zu entfliehen. Nur die Veränderung jedoch
> bringt Entwicklung ins Leben. Wenn alles gleichbleibt,
> stagniert, wir stehen bleiben, ist eine Entwicklung nicht
> möglich. Ein Sprichwort sagt: Man kann nicht zu neuen
> Ufern aufbrechen, wenn man Angst hat, die Küste aus
> den Augen zu verlieren.» – Quelle: André Gide.

Aus dem Buch:

> «Who Moved My Cheese?», Veränderung als Chance. –
> Quelle: Spencer Johnson

Ein Berufswechsel, eine Scheidung oder ein Umzug: Mit Unbeholfenheit reagieren viele, wenn sich plötzlich Veränderungen im Leben einstellen. Wie man ihnen mutig und erfolgreich begegnet, erzählt die Parabel von zwei Mäusen und einem Zwergenpaar, die in einem Labyrinth leben, als eines Tages das Wichtigste in ihrem Leben, der Käse, verschwindet. Ein Wettlauf um Selbstüberwindung, Hoffnung und Erfolg beginnt …

Er empfiehlt folgende Strategie für Veränderungen:

› Rieche öfter am Käse, damit du bemerkst, wenn er alt wird.
› Beweg dich in eine neue Richtung! Das hilft dir, Käse zu finden.
› Wenn du deine Angst überwindest, fühlst du dich frei.
› Wenn ich mir vorstelle, wie es sein wird, den neuen Käse zu genießen, werde ich ihn sicher finden.
› Je schneller du den alten Käse loslässt, desto schneller wirst du den neuen Käse finden.
› Es ist sicherer, im Labyrinth zu suchen, als in einer käselosen Situation zu verharren.
› Alte Überzeugungen führen dich nicht zu neuem Käse.
› Wenn du erkennst, dass du neuen Käse finden und genießen kannst, änderst du deinen Kurs.
› Wenn du die kleinen Veränderungen rechtzeitig bemerkst, kannst du dich besser an die großen bevorstehenden Veränderungen anpassen.

STABILITÄT

Viele von uns wünschen sich Stabilität im Leben. Dies umso mehr, wenn die Situation im Moment günstig erscheint. Stabilität ist jedoch, wie wir schon vorgängig gelesen haben, eine Illusion. Stabilität heißt einzig, dass die Veränderungen im

Moment sehr langsam oder eben unterschwellig ablaufen. Ist unsere Sehnsucht nach Stabilität hoffnungslos? Was ist denn so stabil, dass wir uns in unserer gesamten Lebenszeit daran halten können?

Es gibt tatsächlich Elemente in unserem Leben, die uns den Umgang mit Veränderungen erleichtern. Es sind dies Stabilitätsfaktoren unseres Umgangs mit dem Leben. Dabei handelt es sich um Dinge wie eine positive Grundhaltung, Ehrlichkeit, Bescheidenheit, Freude am Leben, Respekt und Menschlichkeit. Diese Dinge können als Stabilitätsfaktoren helfen, die Veränderungen besser zu bewältigen.

Die langanhaltende Stabilität wird es in unserem Leben jedoch kaum geben. Veränderungen begleiten uns während unserer gesamten Lebenszeit.

Veränderungen werden auf dem Lebensweg immer wieder passieren (make change happen). Erwarten wir die Veränderungen mit einer positiven Grundhaltung oder Lebenseinstellung. Seien wir achtsam auf Veränderungen. Passen wir uns an Veränderungen schnell an getreu dem Motto «Schmerz, ja sofort». Verändern wir uns aus eigenem Antrieb, einige fremdbestimmte Veränderungen werden so ausbleiben. Freuen wir uns über Veränderungen, sie passieren ja sowieso. Seien wir bereit, uns schnell zu verändern. und freuen wir uns immer wieder darüber. Achten wir darauf, die Leistungsfähigkeit, das Können und das Wollen zu trainieren.

Wenn Sie möchten, beantworten Sie sich die folgenden Fragen:

› Lässt mein Körper, mein Geist die Veränderung zu?
› Wie verhält er sich, wie lange wehrt er sich?
› Wie wird die Balance zwischen Freude am Neuen und Angst vor dem Verlust des Alten, Bewährten wohl aussehen.
› Bekommt man im Leben zweimal eine solche Chance?

MINDERWERTIGKEIT

Unsere angeborene Minderwertigkeit und die gefühlte Bedeutungslosigkeit, die unseren Umgang mit der Zeit so stark steuern, erklären sich durch die Kürze unseres Daseins und die Tatsache, dass der einzelne Mensch winzig gegenüber dem Universum erscheint.

Sigmund Freud erwähnt den Minderwertigkeitskomplex, der den Menschen das ganze Leben lang begleitet. Der Minderwertigkeitskomplex ist der Grund des Versuchs, des Menschen Bedeutungslosigkeit zu überwinden. Wir versuchen durch Anstrengungen zur Lebenszeitverlängerung, durch das Erlangen von Macht und durch das Schaffen von Denkmälern, über die Bedeutungslosigkeit hinaus zu treten. Durch Macht versuchen wir, ein größeres Gewicht in der Weltgeschichte zu erlangen. Dazu bauen wir Beziehungsgeflechte und/oder Imperien auf, kreieren Kathedralen, Monumente und vieles mehr, um uns ein Denkmal zu setzen. Wir wollen uns nicht eingestehen, dass nach uns nichts mehr bleibt als die Gedanken und das Gedenken derer, die uns geliebt oder gekannt haben. Doch trotz all dieser Symbole der Größe bleiben wir, was uns zugedacht ist, ein Sternenstaubteilchen im Universum.

HINDERNISSE

Wir gehen mit unserer Lebenszeit vom ersten Wahrnehmen als Säugling bis zu unserem Ableben unterschiedlich um. Der Umgang mit ihr ist das ganze Leben lang Veränderungen unterworfen. Als Kind haben wir unendlich viel davon und machen uns kaum Gedanken über den verbleibenden Rest unserer Lebenszeit. Sie scheint unendlich zu sein. Der Umgang mit der Zeit wäre eigentlich einfach und unkompliziert und würde kaum Probleme bereiten. Als junger Erwachsener denken wir schon bald daran, dass wir bis zu einem bestimmten Zeitpunkt einen Beruf erlernt haben müssen, eine Familie haben möchten oder sogar eine Karriere erreicht haben möchten. Unser Druck auf die Zeit nimmt aufgrund der damit anstehenden neuen Aufgaben zu.

Im Bestreben, einen einfachen, ruhigen Umgang mit der Zeit zu leben, empfiehlt es sich, über eine gewisse Zeit ein Tagebuch zu führen. So können wir nachvollziehen, mit welchen Tätigkeiten wir unsere Lebenszeit verbringen. Dabei bitte nicht erschrecken, wenn die Zeit mit fragwürdigen Beschäftigungen überhandnimmt.

Außerdem empfiehlt es sich, dass wir verstehen, warum die Zeit ein so mystischer Geselle ist. Sie ist so schwierig einzuordnen, da sie sich nicht manipulieren und nicht durch uns verbiegen lässt. Sie ist unerbittlich, wir müssen sie jederzeit konsumieren, sie läuft nur in eine Richtung, lässt sich nicht stoppen und zerrinnt unaufhaltsam.

Seit der Entstehung der Menschheit gehen wir teils bewusst, teils unbewusst mit der Zeit um. Was wir manchmal erfassen, meistens jedoch ignorieren, ist der Umstand, dass die Zeit neben unserer Gesundheit eines unserer wertvollsten Güter ist. Obschon wir Millionen Jahre Zeit hatten, uns mit der Lebenszeit anzufreunden, sie zu verstehen und sie in den Griff zu bekommen, sind wir auch heute noch teilweise hilflos im Umgang mit ihr. Wenn wir uns jedoch mit ihr befassen, sind wir gut beraten, uns diese zum Freund zu machen und nicht als Feind zu bekämpfen. Sieger jedes unseres Kampfs mit der Zeit bleibt die Zeit. Wir können vielleicht die Technik beherrschen, die Zeit beherrschen wir nicht.

Wir gehen dem Tod entgegen, ohne zu wissen, wann unsere Zeit gekommen ist. Deshalb sollten wir bewusst leben, für jede Minute dankbar sein, aber auch dem Tod dankbar sein, denn er bringt uns dazu, über die Bedeutung einer Entscheidung nachzudenken, ob wir sie nun treffen oder nicht. Mit anderen Worten, es gilt, alles zu unterlassen, was uns zu lebenden Toten macht und alles auf die Dinge zu setzen, von denen wir immer träumten, und alles für sie zu riskieren – Paulo Coelho, Sei wie ein Fluss, der still die Nacht durchströmt

Wir verplanen mittlerweile dank der immer weiter entwickelten Technik jede Minute unseres Lebens. Wir sind immer und überall online. Diese ständige Zeitnutzung kann dazu führen, dass wir das Gefühl von zu wenig Zeit erleben. Das Motto heutzutage lautet: Zeit ist Geld. Mit Zeit wird Geld verdient, um mit dem verdienten Geld wieder Zeit zu kaufen. Die Frage ist dabei, wie effizient das System funktioniert. Wie groß ist der Verlustfaktor. Arbeiten wir ausschließlich so viel, um später mal nicht mehr arbeiten zu müssen?

Im Umgang mit der Zeit werden uns außerdem einige Stolpersteine in den Weg gelegt. Einige davon sind die hohe Fülle an Informationen, die gefühlt unendliche Anzahl an Artikeln, die wir erwerben können, unsere eigene Psyche, unsere Anforderungen, die wir ans Leben stellen, und Mitmenschen, die auf jede Art und Weise versuchen, uns Zeit zu stehlen. Der Weg ist einfacher zu gehen, wenn man diese Stolpersteine kennt und eine Strategie entwickelt, ihnen auszuweichen. Verlieren wir nie den Mut, denn das wird nicht in allen Fällen gelingen.

In Bezug auf den Umgang mit der Zeit stellt sich die berechtigte Frage: Sind wir selbst handelnde Personen oder sind wir in einer riesigen Manipuliermaschine gefangen, aus der wir uns aus eigener Kraft kaum mehr befreien können? Sind wir Sklaven unserer Voraussetzungen?

Wie viel Einfluss nimmt unser Gewissen, sofern wir eines haben, auf unsere Zeitverwendung?

In einer idealen Welt wären die Einflüsse der Zeitverwendung problemlos. Wir wären charakterstark, einfach, bescheiden. Wir wären nicht triebgesteuert. Wir würden nicht gemäß der Maslovschen Pyramide um unsere Existenz kämpfen müssen. Wir hätten immer genug Zeit, unser Leben unbeschwert, unbeeinflusst von störenden Einflüssen zu genießen. Keiner in unserem Umfeld würde Einfluss auf unsere Zeitverwendung nehmen. Nun, leider entspricht die Realität nicht diesem aufgezeichneten Idealzustand. Verschiedene Einflüsse verderben uns immer wieder den einfachen Umgang mit unserer Zeit.

ZU VIELE BEDÜRFNISSE

Jedes Bedürfnis, das wir an das Leben stellen, bedingt Aufwand unserer Lebenszeit zur Bedürfnisbefriedigung. Mit wenigen Ansprüchen und einer einfachen Grundzufriedenheit könnten wir ein einfaches sorgenfreies, mit genügend Zeit für uns ausgestattetes Leben führen (siehe auch die Geschichte des Fischers von Heinrich Böll, 1963). Zu viel Zeit und zu wenig Zeit ergeben sich erst aus der günstigen oder ungünstigen Befriedigung unserer Bedürfnisse.

Bei den Bedürfnissen ist es gewöhnlich so, dass wir meistens mehr Anforderungen an unser Leben stellen, als wir im Moment der Analyse (unseres Jammerns) befriedigen können. Das bedeutet, dass die Geldbeschaffung für die Deckung der Bedürfnisse stetig gesteigert werden muss. Gerät diese Steigerung ins Stocken, klafft die Lücke aus Geldbedarf und möglicher Geldbeschaffung auseinander. In den meisten Fällen bedeutet das, dass entweder schmerzlich verzichtet werden muss oder dass in einer Doppelbelastung mit Arbeit und Ausbildung der Mehrwert geschaffen werden muss, der uns zu den benötigten gesteigerten Geldmitteln führt. Damit ist ein Grundstein für Zeitprobleme gelegt.

Wir selbst, die Gesellschaft und unser soziales Umfeld, definieren Ansprüche an unsere Lebenszeit. Diese Ansprüche wandeln sich während der gesamten Zeit auf dem Lebenspfad. Dabei gibt es solche, die wir nicht ignorieren können. Denen können wir uns nicht entziehen, wir müssen sie befriedigen. Es sind zwingende Bedürfnisse. Sie benötigen Lebenszeit, die wir nicht anders einsetzen können. Die Möglichkeiten, diese zu befriedigen, sind unterschiedlich, unter anderem je nach Kultur, geografischer Lage und sozialem Status des Menschen.

Dem gegenüber stehen die freiwillig eingegangenen Bedürfnisse. Für diese können wir für uns allein bestimmen und unsere Lebenszeit dafür einteilen. Diese Bedürfnisse entstehen teilweise aus unseren Trieben. Sie zwingen uns Aufwand und die Energie (in Form der Leistungsfähigkeit) auf, die wir zur Bedürfnisbefriedigung benötigen. Hohe Ansprüche führen zu wenig Zeit.

Ehrlich gesagt wäre aus meiner Sicht der Zeitaufwand für den Lebensunterhalt nicht groß, würden wir uns auf den minimalen Lebensunterhalt beschränken. Doch vielfach möchte man annehmen, dass das Motto des Menschen lautet: «Ich will alles, was geht».

ZWINGEND

Zwingende Bedürfnisse sind Bedürfnisse, die wir unbedingt ausführen müssen. Wir haben keine Wahl. Es sind Bedürfnisse, die aus der Natur entstehen, Dinge wie Atmen, Essen, Trinken, Schlafen, Ausscheidungen, Krankheit, Unfall.

Für Krankheit und Unfall können wir versuchen, Bedingungen zu schaffen, damit sie nicht eintreten, wenn sie aber eingetreten sind, müssen wir zuerst diese Ereignisse behandeln. Nach der Genesung steht uns das Leben wieder eventuell unter einer veränderten Leistungsfähigkeit zur Verfügung.

Für zwingende Bedürfnisse werden wir häufig von unserem angeborenen Überlebensinstinkt getrieben. Eine Missachtung ihrer Befriedigung geht vielfach mit einer Schädigung unserer Gesundheit, im Extremfall sogar mit unserem Tod einher.

Zwingende Bedürfnisse sind nicht in allen Fällen steuerbar. So ist zum Beispiel der Reflex für die Atmung so stark, dass wir unbewusst atmen. Die Atmung ist sozusagen im Gehirn fest verdrahtet und entzieht sich unserem Willen. Ohne Atmung sterben wir schon nach wenigen Minuten. Der Reflex ist so stark, dass wir, wenn wir unter Wasser geraten, den Atmungsreflex nicht lange stoppen können. Damit füllen sich zwangsläufig unsere Lungen mit Wasser und wir ersticken. Die Atmung hört erst mit unserem Tod auf. Obschon sie automatisch und ohne unser Zutun von statten geht, merken wir sofort, wenn eine Störung eintritt. Nur schon die schlechte Luft bei der Durchfahrt eines Autotunnels kann dazu führen, dass uns Atemnot und große Beklemmung plagen.

Trinken ist ein weiteres zwingendes Bedürfnis. Ohne Wasser durch Verdursten – auch Dehydrierung genannt – sterben wir nach einigen Tagen. Essen ist auch wichtig, ohne Nahrung sterben wir aber erst nach ca. 30 Tagen. Ohne dass die Ausscheidungen unseren Körper verlassen können, vergiften wir uns bereits nach kurzer Zeit.

Zwingende Bedürfnisse können noch in solche aufgeteilt werden, die in ihrer Zeit nicht abgekürzt werden können, und solche, die zwar zwingend vorzunehmen sind, in ihrer Zeit und Aufwand aber unterschiedlich ausgeprägt wahrgenommen werden können. Dabei hat man also eine eingeschränkte Wahl, diese zu befriedigen oder zu verschieben. Wir können mit der Befriedigung zuwarten, weglassen können wir sie jedoch nicht. Sie stehen immer wieder an und so muss der Mensch für diese Dinge immer die notwendige Zeit aufwenden.

Ein weiteres steuerbares und zwingendes Bedürfnis ist Schlafen. Schlafen müssen wir regelmäßig nach einer gewissen Zeit der Aktivität. Verdrängen wir dieses Bedürfnis, schlagen die Konsequenzen in einem ungünstigen Moment zu und wir schlafen bei einer gegebenenfalls ungünstigen Gelegenheit ein. Fälle von solchen Schlafattacken sind dann besonders tragisch, wenn die Auswirkungen nicht nur den Schlafverweigerer, sondern auch unbeteiligte Personen betreffen.

Ob unser Schlafbedarf pro Tag acht Stunden oder nur fünf Stunden beträgt, ist unterschiedlich. Ja, sogar je nach unserem Alter und Verfassung schwankt der notwendige Schlafbedarf beträchtlich. Sind es beim Kleinkind bis zu zwölf Stunden, die es für seine Entwicklung benötigt, kann ein älterer Mensch mit fünf Stunden Schlaf durchaus gut auskommen. Aufgrund von Studien wird ein durchschnittlicher Schlafbedarf von sieben Stunden pro Tag angenommen. Dies reicht in den meisten Fällen, um die Körperfunktionen zu regenerieren.

Rauchen schädigt uns und unser Umfeld. Die Schädigung ist jedoch schleichend, langsam und in den Auswirkungen bei jedem von uns unterschiedlich. Daher ist es uns nur schwer möglich, die Gefahr dieser Schädigung zu erkennen. Da es Raucher gibt, die bis ins hohe Alter rauchen, glauben einige von uns, dass dies jedem möglich ist.

Raucher, die aufhören zu rauchen, tun dies selten, um ihre Umwelt zu schützen, sondern vielfach, um mehr Zeit für das Leben zu haben oder ihre Gesundheit und/oder das Haushaltsbudget durch Einsparungen beim Verzicht auf den Zigarettenkauf zu entlasten.

Da unter Umständen eine Schädigung unserer Gesundheit lange nach dem Eingehen eines freiwilligen Bedürfnisses eintritt, ist es für uns schwierig, sich für oder gegen ein Eingehen zu entscheiden.

FREIWILLIG

Freiwillige Bedürfnisse sind, um nur einige zu nennen, das Bedürfnis nach Anerkennung und Sicherheit, soziale Bedürfnisse, Individualbedürfnisse und Selbstverwirklichung. Sie müssen nicht unbedingt befriedigt werden. Freiwillig kommt von den beiden Begriffen frei und Wille. Der Mensch kann ohne jederzeit leben und überleben.

Es sind nicht die zwingenden Bedürfnisse, noch nicht einmal die exogenen Einflussfaktoren, sondern schlicht und einfach die von uns (mehr oder weniger) freiwillig eingegangenen Verpflichtungen, die uns die meiste Zeit rauben und ein großes Potential entwickeln, um Unzufriedenheit auszulösen. Dabei werden durch uns Rahmenbedingungen geschaffen, die die Zukunft beeinflussen.

Mögliche Treiber für das Eingehen von freiwilligen Bedürfnissen sind:

› Persönliche Ambitionen (evtl. Fehleinschätzung der eigenen Möglichkeiten, Fähigkeiten)
› Gewünschte Erhöhung des sozialen Status (immer höher hinaus, immer mehr Wohlstand)
› Ausgeprägtes Pflichtgefühl (allen alles recht machen)
› Rücksichtnahme auf bestehende Beziehungen (Abhängigkeit)
› Rücksichtnahme auf das persönliche Umfeld (was denken die Nachbarn, Kollegen, Freunde)
› Tendenz zu einem künstlichen Machtgehabe (zeigen, was man hat, ohne zu zeigen, ob man es sich leisten kann)
› Falsche Einschätzung der Erwartungen seitens der Gesellschaft (Faulenzer haben viel Zeit, nur wer unter Dauerstress steht, ist erfolgreich)
› Ein immer mehr eingeschränktes Sichtfeld auf das Geschehen um uns herum und in der Welt. Gemeinschaft verliert gegen den Egoismus.

Obwohl die meisten der Tätigkeiten, die uns schlussendlich Zeitnot bescheren, freiwillig eingegangen werden, ist die Herausforderung, diese Dinge wegzulassen, anscheinend groß. Dies vielleicht, weil freiwillig eben nicht gleich freier Wille ist. Nicht zwingend und trotzdem nicht freiwillig darum, weil gewisse externe Einflüsse nur sehr schwer steuerbar sind.

Wir können ebenfalls durch nicht lebensbedrohende Ereignisse gezwungen werden, Zeit aufzuwenden. Dieser Zeitbedarf entzieht sich größtenteils unserer freiwilligen Entscheidung. Dann sprechen wir von – aus den Stärken oder Schwächen des Menschen resultierenden und externen – Einflussfaktoren, die uns zum Zeitverbrauch zwingen.

Ein Ereignis wie der Tod eines nahestehenden Menschen löst eine bedingt zwingende Zeitbelastung aus, wenn der Besuch des Begräbnisses ansteht. Nur bedingt zwingend sind diese Ereignisse, da sie nicht lebensnotwendig oder zur Abwendung einer lebensbedrohenden Situation notwendig sind. Mehr oder minder zwingend sind solche Ereignisse aber unter anderem aufgrund unserer Erziehung, von Gesellschaftsnormen, der Kultur oder anderer persönlicher Voraussetzungen.

Ständige Schmerzen können uns dazu zwingen, uns einer Operation zu unterziehen. Die Folge davon kann sein, dass wir eine gewisse Zeit das Bett hüten müssen. Dies ist ein Beispiel eines freiwilligen und trotzdem auch eines indirekt zwingenden Bedürfnisses. Zwingend, da die Schmerzen gegebenenfalls zu einer massiven Einbuße unserer Lebensqualität führen und die operative Behebung der Ursache Linderung verspricht. Aus dieser aufgezwungenen Bettruhe resultiert plötzlich viel freie Zeit unter der Rahmenbedingung eines wenig verfügbaren Bewegungsspielraums. Kaum jemand, außer dem Umstand unserer Genesung, fordert jetzt von uns Zeit.

Die Erfahrung zeigt, dass wir in dieser Zeit das «Zeit haben» eher als Last und Übel denn als etwas Befreiendes und Schönes empfinden. Unser Gefühl als kranker, eingeschränkter Mensch evtl. nicht gleich viel wert zu sein wie ein gesunder aktiver Mensch, entsteht dabei aus dem Trieb der ständig (durch uns selbst und die Gesellschaft, das Umfeld) geforderten Leistungsbereitschaft.

Ein Vergleich von zwingend und freiwillig eingegangenen Bedürfnissen mit den durch uns eingegangenen Fixkosten und variablen Kosten zeigt Ähnlichkeiten. Viele freiwillig eingegangene Bedürfnisse verhalten sich wie hohe variable Kosten. Sie belasten uns auf vielfältige Weise, obschon wir auf diese grundsätzlich schnell wieder verzichten könnten.

TRIEBE

Ein Trieb des Menschen ist ein im Unterbewusstsein gespeicherter Wille, etwas tun zu müssen. Er leitet sich teilweise aus unseren Konditionen und Genen ab. Der Trieb ist größtenteils unbewusst und statisch.

Ein wichtiger Faktor in der Definition des Umfangs unserer Bedürfnisse sind unsere inneren Triebe. Sie steuern uns während unseres ganzen Lebens. Sie beeinflussen unsere Wahrnehmung der Zeit, die Bewertung derselben, unsere Bedürfnisse und den Umgang mit unserer Lebenszeit. Sie sind außerdem in der Lage. unsere ansonsten klare Sicht bei gelegten Zeitfallen, auftauchenden Zeitdieben und weiteren Hindernissen in der optimalen Zeitverwendung zu trüben. So werden aus unseren inneren Trieben Ansprüche eingegangen, die unter Umständen zu Zeitnot führen können. Aufbauend auf diesen Ansprüchen entscheiden wir unseren Einsatz der Lebenszeit und die Art und Weise, wie wir mit ihr umgehen.

LUSTGEWINN UND SCHMERZVERMEIDUNG

Zwei dominierende Triebe steuern unsere Zeitverwendung unser ganzes Leben. Es sind dies der Erhalt von möglichst viel Lustgewinn und die Realisierung der Schmerzvermeidung. Diese beiden Triebe sind häufig verantwortlich für die Zeitprobleme und Zeitnöte im Leben des Menschen.

> *«Die Natur hat die Menschheit unter die Herrschaft zweier souveräner Gebieter – Freude und Leid – gestellt. Es ist an ihnen aufzuzeigen, was wir tun sollen, wie auch zu bestimmen, was wir tun werden. Sowohl der Maßstab für Richtig und Falsch als auch die Kette der Ursachen und Wirkungen sind an ihrem Thron festgemacht.»* – Quelle: Jeremy Bentham.

Sigmund Freud hat in seiner Psychoanalyse das Lustprinzip als Motor des Menschen bezeichnet (Realitätsprinzip = aufgeschobene Lust). Dabei unterscheidet er die Lust, die wir sofort oder so schnell als möglich befriedigen wollen, und die aufgeschobene Lust, die wir nur darum nicht sofort befriedigen, weil wir durch das Zuwarten eine noch höhere Lustbefriedigung in naher Zukunft (aufgeschoben) erwarten.

Der Mensch strebt dauernd und unter Einsatz von sehr viel Zeit und Energie nach Lustgewinn. Die meisten Anforderungen außerhalb der notwendigen, lebenserhaltenden Anforderungen sind getrieben durch Lustgewinn. Das kann erotische Lust, Machtlust und Lust nach was auch immer sein. Unter dem Namen Hedonismus = Luststreben, Glücksstreben, Wohlbefinden haben sich schon namhafte Wissenschaftler mit dem Thema befasst. Man nennt einen solchen Lustgewinn, der uns geboten wird, um mit ihm die Entbindung größerer Lust aus den tiefer reichenden, psychischen Quellen zu ermöglichen, eine Verlockungsprämie oder eine Vorlust.

Lustgewinn ist unsere hauptsächliche Triebfeder für die Definition unserer freiwilligen Bedürfnisse. Wir sind also nicht gewillt, auf den Lustgewinn zu verzichten. Unsere Motivation ist die Erlangung von Lust. Was uns mit unserer Intelligenz gelingen mag, ist, den Lustgewinn aufzuschieben. So ist der Lustgewinn nicht aufgehoben, sondern nur aufgeschoben.

Ein häufig angewandter, uns vorgegaukelter Lustgewinn in der Werbung ist der, dass der momentane Lustfaktor angesprochen oder die Lust für das angebotene Produkt geweckt wird. Ist heute von uns noch kein Bedürfnis für das beworbene Produkt vorhanden, weckt die Werbung dieses Bedürfnis in uns und verankert es durch subtile Methoden in unserem Gehirn. Mit wenig Zeit und Energie (Geld) sollen wir uns diese Lust erfüllen können, denn wir haben es uns verdient.

Bereitet es einigen von uns einen Lustgewinn, auf dem Fahrrad Hunderte von Kilometer abzuspulen, bereitet es dem anderen höllischen Schmerz. Im Zuge der Schmerzvermeidung verzichtet er somit auf diese Strapazen.

Die Tatsache, dass einige Menschen sich selbst Schmerzen zufügen oder sich von anderen welchen zufügen lassen, um dabei Lustgewinn zu empfinden, zeigt auf, wie verschieden mit den beiden Gebietern Lustgewinn und Schmerzvermeidung umgegangen wird.

Manchmal sind andere Menschen in die Folgen eines Lustgewinns in irgendeiner Art mit einbezogen. Lustgewinn, der auf Kosten anderer Menschen, deren Sicherheit oder deren Wohlergehen geht, ist moralisch nicht zulässig. Der Wunsch danach wird daher durch verschiedene Mechanismen wie Glaube, Erziehung, geschriebene und ungeschriebene Gesetze, Erlasse, Weisungen, sprich, durch geeignete Sanktionen unterbunden und gesteuert.

Für das Kleinkind sind sinnvolle Sanktionen ein wichtiger Schritt, um die Grenzen des egoistischen Lustgewinns zu erkennen. Werden ihm diese Grenzen nicht aufgezeigt, bekundet es später Mühe, sich in gesellschaftliche Rahmenbedingungen einzuordnen.

Der Wunsch, mit seinem Fahrzeug mit stark übersetzter Geschwindigkeit über Autobahnen und Landstraßen zu rasen, wird teilweise durch unsere individuelle Wahrnehmung der möglichen Sanktionen unterdrückt. Dabei gibt es abhängig vom betrachteten Individuum verschiedene Wahrnehmungsprioritäten. Der eine lässt sich durch die hohe Buße von einigen tausend Franken und den Führerscheinverlust für einige Monate abschrecken, der andere durch das Risiko seiner eigenen Gefährdung und der anderer Menschen. Den Nächsten wiederum schreckt weder das Risiko noch der Führerscheinentzug noch die Busse, er kalkuliert die Wahrscheinlichkeit, ein, dass er nicht erwischt wird, und fährt die übersetzte Geschwindigkeit.

Da dies unserer jeweiligen Beurteilung unterliegt, geschieht es trotz Risiken und Strafen immer wieder, dass die Regelung, die gesetzlich vorgeschriebene Geschwindigkeit einzuhalten, nicht beachtet wird. Der Treiber einer solchen Übertretung ist der Lustgewinn, mit einem schnellen Fahrzeug die übersetzte Geschwindigkeit zu fahren. Die Möglichkeit, die Folgen (den zu erleidenden Schmerz) gegen den Lustgewinn abzuschätzen, ist nicht jeder Person gleich gut gegeben. Eine solche Übertretung birgt jedoch die Voraussetzungen für einen späteren Zeitverlust (Gefängnis).

Im Gegenzug zum Lustgewinn steht die Schmerzvermeidung. Wenn wir Schmerz erwarten, setzen wir viel Zeit und Energie ein, um diesen zu vermeiden. Dabei unterscheiden wir den körperlichen und den seelischen (psychischen) Schmerz. Die Androhung von Schmerzzufügung beider Arten wurde schon zu Urzeiten ausgenutzt, um den Menschen zu bestimmten Handlungen oder Aussagen zu bewegen (Folter).

Der Sklave wurde beispielsweise zu seiner Arbeit motiviert, indem ihm eine schmerzhafte, meist körperliche Strafe angedroht wurde, sollte er nicht die gewünschte Leistung erbringen. Diese Möglichkeit, durch Leistungserbringung Schmerzvermeidung zu erreichen, motivierte sie damit zu ihrer Arbeit.

In Gefängnissen wird die Folter, trotz Ahndung durch die Menschenrechtsorganisationen, in gewissen Ländern hin und wieder trotzdem durchgeführt. Da geht es darum, einem Menschen die Wahrheit mittels Schmerzandrohung zu entlocken. Dass dabei nicht die eigentliche Wahrheit, sondern die von den Folterknechten erwartete Wahrheit ans Licht kommt, fußt aus dem Wunsch des Gefolterten, die Schmerzen zu vermeiden oder so rasch als möglich zu mindern.

In der heutigen Zeit werden teilweise Schmerzandrohungen in Form unserer Isolation von unserem Umfeld zur Ausführung von Handlungen benutzt. Dabei erfahren wir in den meisten Fällen keine unmittelbaren körperlichen, sondern ausschließlich seelische Schmerzen, die wir vermeiden wollen. Dieses Verhalten wird gemeinhin als Mobbing bezeichnet. Wenn wir zum Beispiel am Arbeitsplatz gemobbt werden, verbrauchen wir sehr viel Energie, um diesen Zustand zu ertragen. Wir werden dabei häufig in der Leistung geschwächt und werden somit ein Angriffsziel für eine Entlassung.

Es gibt aber auch das Umgekehrte, die Eifersucht. Der Spruch «Eifersucht ist eine Leidenschaft, die mit Eifer sucht, was Leiden schafft», zeigt auf, dass wir das Leiden vielfach, bewusst oder unbewusst, selbst eingehen. Selbst gesuchtes und eingegangenes Leid ist nur schwer zu beenden. Zuerst sind wir vom Wunsch, Leiden zu suchen, zu befreien, bevor unser Leiden, in den meisten Fällen nur von außen, beendet werden kann.

INFORMATIONSFLUT

Die Informationsmenge in unserem Umfeld nimmt exponentiell zu. Sie kann in verschiedenen Bereichen festgestellt werden. Die dabei gleichzeitige Abnahme, Verengung des Raums (Überbauung der Landschaft, Konzentration auf immer größer werdende Städte als Lebensraum) gibt uns das Gefühl der ständigen Geschwindigkeitssteigerung.

Laufend werden neue Kanäle zu uns eröffnet, auf denen Informationen zu jeder Zeit an jedem Ort auf uns einprasseln. Wer von uns hat keinen E-Mail-Account, kein Facebook, kein Instagram, keine SMS, WhatsApp, XING, LinkedIn und wie die Kanäle alle heißen? Im Alltag werden uns überall, wo wir uns befinden und bewegen, Informationen bereitgestellt. Fernseher, Smartphones, Leuchtreklamen, Straßenschilder, Gratiszeitschriften – jeder Meter unseres Weges ist damit gepflastert. Wir sind kaum mehr in der Lage, diese Informationsflut seriös zu bewältigen. Wir müssen laufend Informationen nach Wichtigkeit ausfiltern. Die Gefahr dabei ist, dass wir dabei nicht immer die richtigen Informationen ausfiltern. Wir können nicht zu jeder Zeit entscheiden, welche die unwichtigen Informationen sind.

Wir mussten Schutzmechanismen gegen die Informationsflut entwickeln. Im Gegensatz dazu werden die Methoden der Informationsvermittlung immer raffinierter. Auf jeden von uns abgestimmt, auf das aktuelle Alter, die Beziehungssituation, die Vorlieben, die Stimmungslage, die Gesellschaftslage, alles wird mit einbezogen.

Die Verarbeitung der Informationen belegt einen nicht unerheblichen Teil unserer Lebenszeit. Die Möglichkeit, jederzeit und überall auf das Internet zugreifen zu können und dabei alle Nachrichten der ganzen Welt in Schrift und Videos abzurufen, lenkt uns in unserem Leben, unserer Bestimmung ab, abgesehen davon, dass die Informationen teilweise falsch oder manipuliert sind (Fake News). Das Bild, welches uns die verschiedenen Kanäle vorzeigen, muss also mit größter Vorsicht genossen werden.

Es strömen aber nicht nur immer mehr Informationen auf uns ein. Die Produktlebenszyklen verkürzen sich ebenfalls laufend. Früher wurde ein gekauftes Produkt jahrelang genutzt, da es stabil auf demselben Stand blieb. Heute wechseln die Produkte in einem rasanten Zyklus. Heute gekauft, morgen schon veraltet! Durch diese Verkürzung der Produktlebenszeiten, man nennt das die Erhöhung der Innovationsgeschwindigkeit, entsteht ein weiteres Phänomen unserer Überforderung, die sogenannte Multioptionsgesellschaft.

WIDERSTAND GEGEN DIE ZEIT

Eine weitere unserer vielen Eigenschaften ist die, dass wir nach Möglichkeit den Weg des geringsten Widerstands gehen. So auch beim Entscheid, mit oder gegen die Zeit leben zu wollen, würde man meinen. Doch weit gefehlt. Viele wählen nicht bewusst, sondern meist unbewusst den Weg des Widerstands gegen die Zeit und deren Gesetze.

Wir gehen immer weiter neue Aktivitäten ein, wollen überall mitmachen oder zumindest dabei sein, alles tun und nichts lassen. Leise und unbemerkt addieren sich die Einflüsse dieses gegen die Zeit Lebens, bis sie sich eines Tages in einem überraschenden Ereignis (Stress, Burn-out etc.) entladen. Dabei kommt erschwerend hinzu, dass dieses gegen die Zeit Leben sich nicht bemerkbar macht.

In gewisser Hinsicht drängt sich der Gedanke auf, dass wir wohl nicht gerne ohne Probleme durchs Leben gehen. Ist eine gewisse Problemlosigkeit erreicht, macht sich eine gefühlte Langeweile bemerkbar. So scheint es, als suchen wir uns neue Probleme, dies gerade so, als ob wir nur mit Problemen weiterkommen könnten.

Wir können nur wachsen und uns entwickeln, wenn wir über unsere Gewohnheiten hinauswirken. Wir wachsen, indem wir Chancen packen und uns über unsere Grenzen hinauswagen. Problemstellungen bewältigen heißt für uns Erfahrungen sammeln und damit unsere Entwicklung weitertreiben. Verläuft alles ohne Probleme oder Herausforderungen, können wir nur schwer wachsen oder uns weiterentwickeln.

UNRUHE

«Menschen sterben nicht an Überarbeitung. Sie sterben an Unkonzentriertheit und innerer Unruhe.» – Quelle: Dale Carnegie.

Unruhe – was bei der Uhr der Antrieb ist, ist bei uns ein Verhalten, das uns zu immer neuen Taten treibt. Auffallend bei der Betrachtung unserer Lebenszeit ist, dass in uns latent eine gewisse Unruhe vorhanden ist, die uns manchmal schwer zu schaffen macht. Ist das die Unruhe aufgrund unserer begrenzten Zeit auf Erden oder die Unruhe aufgrund des von Geburt weg aufbauenden Leistungsdrucks und der Rekordsucht? Oder gar die Unruhe aufgrund des Willens, das Leben voll auszukosten, nichts auslassen zu wollen? Findet gar unbewusst und unbemerkt vom Großteil von uns ein Wechsel in der Art der Zeitbetrachtung statt?

Ich kann mir vorstellen, dass ein Wechsel in der Zeitwahrnehmung ansteht. Das mentale Zeitdenken wird vom integralen Denken abgelöst, welches uns von der Zeithaftigkeit zur Zeitfreiheit führen wird.

Grundsätzlich kann gesagt werden, dass der Mensch in Bezug auf seine aktuelle Situation wie auch in seiner Zeitverwendung teilweise in großer Unruhe ist.

UNGÜNSTIGE PRIORISIERUNG

Im Zusammenhang mit unserer Grundeinstellung ist unsere Einschätzung zur stetig laufenden Zeit relevant. Wenn uns die Zeit wichtig ist, befassen wir uns bewusst mit ihr und den notwendigen Entscheiden, die unsere Zeitverwendung beeinflussen. Wir werden alles im Rahmen unserer Möglichkeiten tun, um die Zeit selbst zu bestimmen, und Tätigkeiten vornehmen, die wir uns wünschen. Wir übernehmen grundsätzlich die volle Verantwortung für unsere Zeiteinteilung und setzen sie bewusst und selektiv ein. Wir schaffen die besten Voraussetzungen, um eine drohende Zeitnot abzuwenden oder einer eingetroffenen Zeitnot ein Ende zu bereiten. Wir sind in der Lage, Raum zu schaffen und eine Karriere zu ermöglichen, und vergeuden oder verschwenden kaum Zeit mit unnützen, unnötigen Dingen.

Wenn uns hingegen die Zeit nicht wichtig genug ist, werden wir kaum intervenieren, wenn unsere Zeitverwendung fremdbestimmt wird. Wir entscheiden seltener selbst über den Einsatz unserer Zeit, sondern lassen andere für uns (über uns) entscheiden. Wir wollen oder können die Verantwortung für den Zeiteinsatz in unserem Leben nicht übernehmen.

Nun ist die Welt nicht nur schwarz oder weiß. Das heißt, dass unsere Zeitverwendung auf dem Lebensweg mal in die Richtung Selbstbestimmung und mal in die Richtung Fremdbestimmung ausschlagen wird. Wir werden ebenfalls je nach unserer aktuellen Lebenssituation die Selbstbestimmung der Zeit als wichtig und dann wieder als weniger wichtig anschauen. Beides ist in Ordnung, wenn es bewusst geschieht. Unbewusst Zeit zu vernachlässigen, macht hingegen auf Dauer unzufrieden und führt zu einem diffusen Zustand, wie er sich in Unruhe und Rastlosigkeit zeigt. Wir spüren, dass etwas nicht mehr stimmt, wir werden unruhig. Wir spüren, dass wir etwas ändern müssen, doch was wir ändern sollen, wissen wir nicht.

Die Tatsache, dass der Lebensweg nicht nur eben und leicht ist, sondern manchmal steil und steinig, beeinflusst natürlich unsere Stimmung und damit die Bereitschaft oder die Möglichkeit, uns selbst um unsere Lebenszeit zu kümmern. Beim Fehlen eines Sinns im Leben, bei einer Depression oder bei einer gefühlten Hilflosigkeit dem Leben gegenüber sind wir eher bereit, uns der Verantwortung für unsere Zeit zu entziehen. Mit der Rückkehr einer gesunden Lebensfreude und der damit einhergehenden Lebenskraft sollte es uns jedoch gelingen, die Klippen des Lebens zu umschiffen. Wenn dazu noch die Gesundheit vorhanden ist, steht einer optimalen Zeitverwendung nichts im Weg.

Unsere Konsumgesellschaft versucht ebenfalls in einigen Fällen, unsere Selbstbestimmung der Lebenszeit zu verhindern. So beeinflusst uns die Werbung auf Schritt und Tritt, um einen Teil unseres Geldes für bestimmte Produkte und Dienstleistungen abzuzweigen. Sie verlangen damit eigentlich nach Lebenszeit, musste diese doch für den Erhalt des Geldes aufgewendet werden. Diese Aussagen sind ohne Wertung, das heißt, ich bewerte die Konsumgesellschaft nicht als gut oder schlecht, nicht als richtig oder falsch. Wenn wir uns bewusst sind, was wir konsumieren wollen, und bereit sind, die anfallenden Konsequenzen tragen, ist das in Ordnung.

BEWEGUNG

Unsere Unruhe äußert sich einerseits in dem Umstand, dass wir immer irgendwohin unterwegs sein wollen. Wo immer wir aktuell sind, da wollen wir nicht sein. Ähnlich dem altbekannten Spruch: Was Hänschen hat, das will er nicht und was er will, das hat er nicht.

Überallhin wollen wir reisen. Alles wollen wir sehen oder gesehen haben. Über alles wollen wir mit jedem jederzeit reden können. Darüber, dass wir sowohl den Eifelturm in Paris bestiegen, wie auch den Burj Khalifa in Dubai bewundert haben, mit dem Aufzug in den 124. Stock hochgefahren und auf die Plattform rausgetreten sind, um die Aussicht zu genießen, die Tundra bereist haben, in der Wüste überlebt haben, auf dem Kamel geritten sind, in der Antarktis das Gletschereis schmelzen und einen Eisbären gesehen haben, ja sogar schon mehrmals am Strand der verschiedensten Malediveninseln gelegen sind.

Es gibt ein Sprichwort: Dabei sein ist alles, wer nicht drin ist, ist draußen. Ganz ehrlich, draußen sein will niemand von uns.

Unser Geltungsstreben erlaubt es uns kaum, draußen zu stehen. Weiter und weiter muss unsere Reise gehen. Immer dorthin, wo die Freunde, die Kollegen, unser nahes Umfeld gehen, was dem Trend entspricht. Alles wollen wir sehen, vielleicht nur, um nicht zu sehen, wie es um uns steht? Dieser Leistungsdruck, diese Ruhelosigkeit in der Position und unserer Zeit führen dann unter anderem zu Zeitnot.

Das meiste, was wir uns vorstellen können, zu schaffen, schaffen wir auch. Doch die dauernden Rekorde in Bezug auf alle Lebensbereiche, die uns täglich vor Augen geführt werden, verunsichern uns laufend mehr. Das Gefühl, es nie unter die Besten zu schaffen, ist unter diesen Umständen teilweise stark demotivierend.

Was ist denn heute noch gut genug? In der Beziehung wird wie in beinahe allen Gebieten vielfach nur das Beste angestrebt. Wer hält denn noch echte Krisen aus? Wer nimmt sich denn noch genügend Zeit für die Bewältigung von Schwierigkeiten, wenn ein Wechsel zum Besseren, Einfacheren jederzeit möglich scheint? Wer gibt sich denn heute noch mit dem Zweitbesten zufrieden?

REKORDSUCHT

Noch deutlicher und extremer tritt die Unruhe (Zeitangst) in der Rekordsucht unserer Gesellschaft zutage, etwa in der Art, wie Sport betrieben wird. Was einst Spiel war, wurde zum Rekordrausch. Zu viele Rekordhalter werden im schönsten Licht in der Presse, im Fernsehen und auf Hochglanzprospekten präsentiert. Rekorde, Erfolg, Status, ja, sogar Macht sind Begriffe, die eine magische Anziehungskraft auf Nachahmer ausüben.

Ein potenzieller Handlungstrieb ist unser Suchtverhalten. Es ist bei jedem von uns unterschiedlich stark ausgeprägt. Ein Handlungstrieb ist zum Beispiel die Spielsucht. Sie kann wesentliche Teile der Freizeit belegen und damit kaum andere Zeiteinsätze zulassen. Dies wirkt unglücklicherweise direkt auf die Geldbeschaffung. Ein Teufelskreis, der, einmal in Gang gesetzt, nur schwer wieder unterbrochen werden kann.

Wir neigen aufgrund unseres Vorwärtsstrebens und der damit angestrebten Entwicklung zu immer Höherem dazu, aktuell gültige Grenzwerte jeder Art zu hinterfragen respektive zu überbieten. Die Weltumsegelung wird von einer 16 Jahre jungen Frau absolviert. Ein 15-jähriger Mann erklimmt die höchsten Berge. Rekorde über Rekorde. Autos fahren immer schneller und schieben Grenzwerte der Physik und der Wahrnehmung des Menschen an den äußersten Rand des Möglichen. Wurde früher der Grenzwert der Physik beim Autofahren noch durch das Rutschen der Räder oder ein Ausbrechen des Fahrzeugs angezeigt und somit eine Gegenreaktion möglich, vermeiden heutzutage verschiedenste Assistenzsysteme diese Effekte. Somit lassen sie den Fahrer im Glauben, die physikalischen Gesetze gelten nicht mehr. Bricht ein durch ein Assistenzsysteme unterstütztes Fahrzeug dann doch aus – die Physik lässt sich genauso wenig wie die Zeit überlisten –, sind Korrekturmaßnahmen des Menschen meist sinnlos, ein Unfall ist häufig die Folge.

Würden diese Assistenzsysteme dazu verwendet, die Reserven einer sinnvollen Fahrweise zu mehren, würden sie ihren Sinn und Zweck mehr als nur erfüllen und zu einem sichereren Umgang mit dem Fahrzeug führen. Leider werden sie in einigen Fällen dazu verwendet, den Lustgewinn zu erhöhen, ohne dabei an die Folgen des Tuns zu denken. Genauso ist es im Umgang mit der Lebenszeit des Menschen. Die Zeit immer mehr auszureizen, bedeutet, dass kleine Verschiebungen im engen Zeitplan massive Störungen verursachen können. Nutzen wir die Zeitvermehrungs- und -optimierungsaktivitäten, die die heutigen Instrumente und Hilfsmittel bereitstellen, um mehr Reserven in unserer freien Zeit zu schaffen, anstatt diese Zeit immer wieder aufs Neue zu belegen.

Die Hingabe des in der Zuschauermasse untergehenden Einzelnen an ein wertloses Phänomen ist für die heutige Übergangssituation (von der Zeithaftigkeit zur Zeitfreiheit) symptomatisch. Jeder neue Rekord ist ein Schritt weiter in Richtung der Tötung der Zeit (und damit des Lebens). Die Rekordbegeisterung ist ein deutlicher Hinweis auf die prädominante Rolle des Zeitproblems.

Die Schnelligkeitssucht wird in zahllosen anderen Bereichen sichtbar. Überall werden die bisherigen zeitlichen Schwellenwerte überschritten – nicht nur durch das Radio, auch durch die Ultraschall-Flugzeuge oder (ein anderes extremes Beispiel) die medizinischen Bemühungen, die menschliche Lebensdauer zu verlängern. Gerade diese Anstrengungen, ins Quantitative zu fliehen, sind aus Zeitangst geborene Zeitflucht, die vordergründig unseren Alltag beherrscht.

Was dabei oft außer Acht gelassen wird, ist, dass nur sehr Wenige an die Spitze kommen. Außerdem sehen wir kaum, was für enorme Zeitaufwendungen, Verzichte und Schmerzen für den kurzen Moment an der Spitze einer Sportart notwendig sind. Entbehrungen, die in sehr vielen Fällen nicht zum Rekord, aber vielfach trotzdem zum Erfolg führen. Zum Erfolg in dem Sinne, dass Grenzen ausgelotet und damit kennengelernt wollen. Dies fördert die Vernunft, zum richtigen Zeitpunkt aufzuhören und seine Grenzen zu akzeptieren, bevor ein Unfall geschieht.

UNRUHE

Unsere Unruhe kommt auch im Fliehen vor der Zeit zum Ausdruck. In der Hast und der Eile und und darin, keine Zeit zu haben. Wie häufig ertappen wir uns dabei zu sagen: Ich gehe noch schnell in den Einkaufsladen für Besorgungen, dann noch schnell Benzin tanken und bin dann schnell wieder zu Hause? Alles, was wir unserem Unterbewusstsein sagen, nimmt dieses auf und hält sich daran. Hört das Unterbewusstsein immer wieder das Wort schnell, werden unsere Tätigkeiten auf schnell getrimmt. Damit wird es immer schwieriger, Dinge langsam anzugehen.

Unsere Zeitangst äußert sich als Zeitsucht, insofern alle und jeder darauf aus sind, Zeit zu gewinnen. Nur wird fast immer die falsche Zeit gewonnen, jene, die sich greifbar in räumliche Mehrtätigkeit umsetzen lässt, oder jene, die, hat man sie, totgeschlagen werden muss. Außerdem äußert sich die Zeitangst des Menschen in dem Versuch, die Zeit durch Materialisierung festzuhalten und in die Hand zu bekommen, da mehr als einer der Überzeugung ist: Zeit ist Geld. Nur dass fast immer die falsche Zeit, jene, die sich in Geld umsetzt, nicht aber die geltende, realisiert wird.

Wir sind teilweise gefangen in der Zwangsvorstellung, die Zeit ausfüllen zu müssen. Wir bewerten die Zeit als leer, da wir uns die Zeit noch räumlich vorstellen, als sei sie irgendein Gefäß. Sie entbehrt für das Bewusstsein des heutigen Menschen noch des Qualitäts-Charakters. Zeit ist etwas in sich Erfülltes und nicht etwas, das ausgefüllt werden müsste.

Dieser Druck der immerwährenden Produktivität, der stetigen Leistungssteigerung, der Geschwindigkeit, der Visibilität der Leistungsgesellschaft ist sicher mitunter ein Grund für unsere Unruhe in Bezug auf die Zeit. Da sie ein möglicher Grund für eine allfällige Misere in unserer Zeit darstellt, kann man ableiten, dass zur Lösung einer Zeitmisere dieser Druck, diese Produktivität und die dauernde Leistungssteigerung infrage gestellt werden müssen.

Wenn wir lange leben, haben wir viel Lebenszeit. Ob wir dabei viel Lebensqualität haben, zeigt sich in der Art und Weise, wie wir diese Zeit verbringen können, gesund oder weniger gesund.

Obschon die Zeit die Basis allen unseres Wirkens ist, haben wir kaum gelernt, mit ihr umzugehen. Wenn die Wahrnehmung der Zeit schon schwierig ist, die Bedeutung unterschiedlich ist und die Bewertung sich dauernd ändert, ist der Umgang mit der Zeit nicht einfach.

Ob arm oder reich, jeder ist für seine Zeit mehr oder weniger selbstverantwortlich. Dies birgt die große Chance, dass ein armer Mensch – was immer man heutzutage unter arm versteht – ein reich erfülltes Leben führen kann. Genauso gut kann aber auch ein reicher Mensch – was immer man heutzutage als reich definieren mag – ein armseliges Leben fristen müssen. Aus Sicht der Zeit ist der Passus arm und reich nicht relevant.

Wir gehen bewusst oder unbewusst immer mit der Zeit um. Dass uns dabei die Zeit sehr wichtig zu sein scheint, zeigen verschiedenste Dinge. Die Zeit wurde intensiv beschrieben, eingeteilt, definiert, geregelt, strukturiert, manipuliert. Dazu haben wir Instrumente, Maschinen, Abläufe und vieles mehr erfunden, um die Zeit zu messen, zu katalogisieren, um damit dieses unbekannte Wesen Zeit vielleicht manipulieren, investieren, einsparen zu können. Mit all dem versuchen wir, die Zeit zu mehren. Dazu dienen Aktivitäten, die wir in verschiedene Arten von Zeitmanagement investieren. Immer wieder werden neue Methoden, Instrumente, Konzepte ausprobiert, um der stets mangelnden Zeit Herr zu werden. Dabei verändern diese Instrumente nicht die Zeit, sondern nur den Umgang mit ihr. Häufig benötigen sogenannte Zeiteinsparungsmethoden oder -instrumente über alles gesehen mehr Zeit oder lenken die Zeitverwendung einfach in eine andere Richtung. Wann immer der Mensch Zeit einspart, gibt er sie andernorts wieder aus. Denken wir dabei an das mächtige Instrument Geld. Ist es nicht mit dem Geld wie mit der Zeit? Geld wird verdient, gespart, ausgegeben, investiert. Alles mit dem Ziel, jederzeit über genügend (eher etwas mehr) Geld zu besitzen. Doch wie die Zeit, ist das Geld am Ende unserer Lebensreise irrelevant. Alle gesparte Zeit und alles gesparte Geld verlieren ihren Wert in diesem Moment auf einen Schlag.

Wenn wir uns im eigenen Umfeld umhören, springt uns die Erkenntnis faktisch ins Gesicht, dass die Zeit ein schwieriges Thema für uns ist und wir damit immer wieder Mühe haben. Meistens ist sie uns zu wenig, manchmal zu viel, doch selten gerade recht. In den meisten Fällen bringen wir unsere Ansprüche an die Zeit kaum unter einen Hut.

«Zwei Dinge sind unendlich, das Universum und die menschliche Dummheit, aber bei dem Universum bin ich mir noch nicht ganz sicher.» – Quelle: Albert Einstein

In Bezug auf den Umgang mit der Zeit kann man uns grundsätzlich nicht als dumm bezeichnen. Wir haben zugegebenermaßen einige Limitationen, die es uns nur schwer möglich machen, über unseren Tellerrand hinaus zu blicken. Daher ist es verständlich, dass wir mit der Zeit zwischendurch unsere liebe Mühe haben. Doch gibt es einige außergewöhnliche Menschen unter uns, die einigermaßen gut über den Tellerrand hinaussehen können, also im Volksmund gesprochen einen erweiterten Horizont aufweisen. Diese Menschen werden von uns geehrt, teilweise nicht verstanden, vielfach bewundert und von einigen beneidet. Doch wie jede unserer Eigenschaften kann die Eigenschaft, über den Tellerrand hinauszuschauen, weiterentwickelt werden. Dabei hilft es bereits, sich die eigene begrenzte Zeit bewusst zu machen, um weiter vorauszusehen. Nicht jeder von uns kann und muss Außergewöhnliches leisten und nicht bei jedem ist das Außergewöhnliche, das er leistet, öffentlich sichtbar.

Menschen oder Organisationen, die im Sinne des über den Tellerrand Schauens Außergewöhnliches geleistet haben, sind unter anderem:

› Mutter Teresa
› Heinrich Pestalozzi
› Henry Dunant
› Ärzte ohne Grenzen
› Martin Luther King

Die oben genannten Menschen oder Organisationen haben es geschafft, nicht nur Außergewöhnliches zu leisten, sondern diese Leistung in der Weltöffentlichkeit zu verbreiten. Unser Ziel soll und kann es jedoch nicht sein, in der Weltöffentlichkeit zu stehen. Wichtig ist einzig, dass wir gute Dinge vollbringen.

Außergewöhnliche Dinge müssen nicht zwangsläufig große Dinge sein, um großes Gewicht zu bekommen. So sagte bereits Mutter Teresa: Wir können keine großen Dinge vollbringen – nur kleine, aber die mit großer Liebe.

Ach, wie gehen wir so sorglos mit der Zeit um, wenn wir gesund sind und uns keine gravierenden Probleme quälen. Doch schnell ändert sich das, wenn wir krank werden. Nur schon eine einfache Grippe zeigt uns auf, wie schön, einfach und sorglos unser Leben ohne Gebrechen ist. Schnell merken wir bei einer Behinderung zum Beispiel durch einen Sturz, nachdem wir unsere Beine oder Hände nicht mehr uneingeschränkt bewegen können, wie umständlich die Hausarbeit oder die Körperpflege wird.

Was denken wir als Erstes in solch einer Situation? Wie selbstverständlich nehmen wir die sorgenfreie Zeit hin, unbekümmert, selten im Bewusstsein, wie schnell es doch anders werden kann. Die Zeit wird bei jeder Krankheit, Behinderung sofort zu einem wichtigen Faktor im Leben. Jetzt kann ich nicht zur Arbeit fahren, ich habe eine Grippe. Der Kopf und die Glieder schmerzen, die Nase läuft, Durchfall plagt mich. Nun ist der Moment gekommen, um die Zeit neu zu spüren, zu fühlen, der Moment, in dem man nur darauf wartet, dass diese unangenehme Zeit endlich wieder vorbei ist. Dabei wissen wir in den meisten Fällen, dass diese Leidenszeit während der Genesung von einer Krankheit oder nach einem Unfall nur vorübergehend ist. Wir sehen also bei einer Grippe zum Beispiel, dass schon nach drei, vier Tagen die Welt wieder in Ordnung ist. Davon abgeleitet kommt der Spruch «Die Zeit heilt Wunden».

LOSLASSEN

Eine wichtige Methode, zu mehr Zeit für sich selbst zu kommen, besteht darin, Nein zu sagen oder zu verzichten. Es ist einerseits nicht immer einfach, kann aber andererseits einige Probleme lösen. Es gibt uns die Möglichkeit, die Zeitverwendung, die uns durch einen äußeren Einfluss aufgezwungen werden soll, zu reflektieren und auf eine solchermaßen aufgezwungene Zeitverwendung bewusst einzugehen oder zu verzichten.

Denken Sie, dass Neinsagen nicht der Rede wert, ja sogar einfach ist? Denken Sie, dass das jedem von uns leichtfällt? Neinsagen ist mitunter das Schwerste, was uns abverlangt wird. Gesellschaftliche Voraussetzungen können es massiv erschweren. Anstand und Rücksichtnahme, gelernt in unserem Leben, blockieren es teilweise. Viele Male in unserem Leben fragen wir uns, warum habe ich damals nicht Nein gesagt. Es würde mir doch heute viel bessergehen.

Die Auswirkungen eines untersagten eindeutigen Neins sind die, dass wir Dinge tun, die wir eigentlich gar nicht tun wollen. Dinge, die uns Zeit stehlen und uns zu Sklaven der Zeit degradieren.

Wenn wir an Dingen festhalten, die uns Tag für Tag belasten und praktisch nicht bringen, lohnt es sich, diese Dinge loszulassen. Loslassen birgt ein großes Potential an neuer Freizeit für uns.

VERZETTELUNG

Wir brauchen Zeit, um Ereignisse in eine gewisse Ordnung zu bringen. Wir können nicht ohne weiteres mehrere Dinge simultan parallel bearbeiten. Wir können nicht ohne Grenzen Arbeiten unterbrechen und wiederaufnehmen. Die dabei anfallenden Wechsel des Aufgabenkontexts belasten unser Gehirn enorm, sodass unsere Zeiteffizienz massiv einbricht.

Zirkusartisten und andere Spezialisten trainieren lange, bis sie zum Beispiel mit beiden Händen gleichzeitig verschiedene Texte schreiben können. Haben Sie schon mal versucht, mit der rechten Hand im Uhrzeigersinn und gleichzeitig mit dem linken Fuß im Gegenuhrzeigersinn zu kreisen? Oder als Rechtshänder linkshändig zu schreiben?

In der Software-Entwicklung kennt man das Konstrukt des Serialisierens. Dabei werden die verschiedenen Tätigkeiten, die dem Computer mittels Softwareprogramm aufgegeben werden, in kleine Stücke aufgebrochen und dann eins nach dem anderen abgearbeitet. Maschinen sind dafür gemacht, Menschen nicht.

Wenn wir viele verschiedene Arbeiten gleichzeitig in Angriff nehmen, müssen wir immer wieder zwischen diesen Arbeiten hin und her wechseln, dies in Verbindung mit dem Wechsel des Aufgabenkontexts. Jedes Mal, wenn wir von einem Thema zum anderen wechseln, müssen wir Zeit und Energie aufwenden, um uns in den Kontext dieser Aufgabe einzuarbeiten. Wir müssen wieder in das neu aufzunehmende Thema eintauchen. Sind wir längere Zeit in diesem Modus, heißt es im Volksmund «Verzettelung», man sagt dabei: Wir haben uns verzettelt

Um diese Kontextwechsel und die damit zu verwendende Zeit gering zu halten, wird eine Bearbeitungszeit pro Aufgabe von mindestens fünf Stunden am Stück als am effizientesten angesehen. Setzen wir also für wichtige Themen mindestens fünf Stunden am Stück an oder lassen wir das Thema ruhen, bis wir die notwendige Zeit zur Verfügung haben. Das ist ein Teil der effizienten Nutzung der Zeit.

FEHLENDES BEWUSSTSEIN

Wenn uns die Zeit egal ist, lassen wir sie einfach so an uns vorbeistreichen. Wir sind uns dessen meist nicht bewusst, wieviel wertvolle Lebenszeit wir dabei verschwenden. Wir nehmen die Verantwortung zur Definition der eigenen Zeitverwendung zu wenig wahr. Zeitvampire und Zeitdiebe stehlen uns dann möglicherweise die Zeit und wir merken es nicht. Zeitfallen sind dazu da, dass wir reintreten sollen, und wir merken es wieder nicht. Dann haben wir schon eher Grund zu klagen, zu wenig Zeit für unsere Ansprüche zu haben. Die Zeit wird von uns als von geringer Qualität, das heißt langweilig oder gleichförmig und damit stupid, empfunden.

Die Gefahr, dass wir am Ende unseres Lebens Mühe haben, die Zeit als erfüllt zu betrachten, ist groß. Meistens ziehen wir dann ein Fazit in Form von:

› Ich musste immer arbeiten.
› Ich war immer überall eingespannt und daher so beschäftigt, dass mir keine Zeit blieb für das eigentliche Leben.

Unabhängig davon, was denn das eigentliche Leben sein soll, ob das nur unsere Wahrnehmung ist oder wirklich die Realität, ist es traurig, wenn wir am Ende des Lebens eines der erwähnten Fazits ziehen müssten.

ENTSCHLEUNIGUNG

Die Beschleunigung unseres Lebens und unser Luxus führen dazu, dass wir alles immer schneller erledigen wollen. Unsere Freizeit, unser Einkaufsverhalten, unsere Hobbys, all das wird immer mehr durch neue, schnellere, teurere Hilfsmittel unterstützt.

Mit dem Start der Pandemie Mitte März 2020 tauchte mit dem Corona Virus nicht nur das Virus selbst auf. Als unsere Bewegungsfreiheit zum Zwecke der Eindämmung der Verbreitung der Pandemie eingeschränkt wurde, verzichteten viele teils gezwungenermaßen auf das Autofahren. Ein Fahrradboom setzte ein. Wurden nun normale Fahrräder gekauft. Nein, es waren durchwegs E-Bikes, die den Zuspruch der Käuferschaft fanden. Mit diesen kommen wir schneller, einfacher und bequemer ans Ziel. Es ging also nicht darum, die Chance zur Entschleunigung unseres Lebens zu ergreifen. Wir, die wir die Beschleunigung bereits intus haben, wollten mit dem Wechsel des Fahrzeugs auch noch möglichst schnell unterwegs sein (Zeitoptimierung).

Möglichkeiten für eine Entschleunigung sind nicht nur die Bewusstmachung des Slogans «Slow down, take it easy», sondern etwas nachhaltiger die Rückbesinnung auf unsere Grundbedürfnisse. Diese bietet die Chance der Selbststärkung durch Verzicht im Rahmen des Möglichen und wirtschaftlich Sinnvollen.

KONSEQUENZEN

Es ist eine Tatsache, dass wir uns in unserem Leben durch verschiedenste Handlungen und Entscheide Voraussetzungen schaffen, die schlussendlich maßgeblich bestimmen, wozu wir unsere Lebenszeit aufwenden müssen. Ein Ausstieg aus diesen einmal geschaffenen Voraussetzungen oder deren Änderung ist grundsätzlich nur noch durch ein einschneidendes Ereignis oder einen hohen Aufwand möglich.

Entscheide sind in einigen Fällen falsch. Damit müssen wir leben. Dies sind Gründe für einige Entscheidungsträger, ihre Entscheide sehr spät oder gar nie zu fällen. Sie scheuen die Konsequenzen eines Fehlentscheids so sehr, dass sie entscheidungspanisch werden. Dabei muss beachtet werden, dass aus meiner Sicht mehr Schaden durch Nichtentscheide als durch Fehlentscheide entsteht. Außerdem gilt die Tatsache, dass, wenn eine Entscheidung ansteht, diese in der Regel auch gefällt wird, entweder durch den potenziellen Entscheidungsträger oder durch das durch die Entscheidung betroffene Umfeld. Wie bei der Übernahme der Verantwortung für unsere Zeitverwendung ist auch hier die Übernahme der Verantwortung für die Entscheide maßgebend dafür, ob wir gesteuert werden oder ob wir selbst steuern (im «driving seat» sitzen). Wir müssen immer und jederzeit die Konsequenzen unserer Entscheide tragen.

Voraussetzungen, die viel Lebenszeit binden, sind zum Beispiel der Kauf eines Hauses oder eines teuren Luxusgegenstands, welcher zu hohen Fixkosten führt. Damit haben wir es uns verbaut, mit einem geringen Einkommen auszukommen. Die einzigen Kosten, die schnell und relativ einfach reduziert werden können, sind die variablen Kosten. Für die Deckung der Fixkosten sind wir auf die entsprechende Entlohnung der Arbeit angewiesen. Wir müssen also einen mehr oder weniger großen Teil unserer Lebenszeit verkaufen.

Doch Hand aufs Herz, wir werden vom System der ständigen Lohnerhöhungen und dem damit verbundenen Anheben des Lebensstandards dazu verleitet, immer höhere Fixkosten einzugehen. Dies funktioniert nach der Aufgabe der Erwerbstätigkeit meistens nicht mehr. Daher schließen wir Versicherungen ab, um den hohen Lebensstandard halten zu können. Ein Kreislauf, der irgendwann einmal enden wird und muss!

ZEITDIEBE

Wir haben viele verschiedene Möglichkeiten, unser Leben selbst zu gestalten. Dabei kommen aber auf unserem gesamten Lebensweg auch Störfaktoren dazu. Diese haben eine schlechte Eigenschaft, sie stehlen uns einen nicht unerheblichen Teil unserer Lebenszeit. Einer der größeren Störfaktoren außer wir selbst sind die Zeitdiebe.

Ein Zeitdieb ist ein Mensch, der im vollen Bewusstsein oder im Unterbewusstsein uns unsere Zeit stiehlt. Er tut dies unter anderem, indem er unsere Zeit in Beschlag nimmt oder und Tätigkeiten aufbürdet, die nicht zu unseren eigentlichen Aufgaben gehören. Da es sich bei diesem Zeitdieb gelegentlich um geliebte Menschen aus dem unmittelbaren Umfeld handelt, ist die Erkennung, vor allem aber die Vermeidung dieses Zeitdiebstahls nicht einfach.

«Außer der Gesundheit wird nichts hässlicher verschwendet als ihr Surrogat, die Zeit.» – Quelle: Johann Paul Friedrich Richter.

Doch damit nicht genug, es gibt auch die Zeitverschwendung, Zeitfallen und Zeitfresser.

Ist Nichtstun Zeitverschwendung? Nicht in jedem Fall. Das Verhältnis zwischen eigener Verschuldung und fremden Einflüssen ist nicht leicht zu ermitteln. Sind wir es etwa selbst, die unsere Zeit verschwenden? Sind es fremde Mächte und Einflüsse? Wo verliert der Mensch denn Zeit? Was heißt denn Zeit verlieren? Manchmal kann eine Phase des Nichtstuns zu einer enormen Effizienzsteigerung im Leben des Menschen führen.

Warum setzen wir so viel Zeit für die Arbeitsstelle ein?

Variante 1: Wir können zum Beispiel einen Job annehmen, der unter unserem Bildungsniveau ist. Dann brauchen wir weniger Zeit für den Job aufzuwenden als ein überforderter Mitarbeiter.

Variante 2: Wir können im anspruchsvollen, unseren Fähigkeiten entsprechenden Job Teilzeit arbeiten.

Variante 3: Wir können auf eine eigene Familie verzichten und damit unsicheren Zeiten besser begegnen, brauchen wir dann ja nur allein auf uns zu schauen.

Bei allen drei Varianten bleibt uns mehr Zeit für unsere Entfaltung, wir verdienen jedoch weniger Geld und können uns dadurch weniger leisten (Status). Konsequenz: Bei den Varianten mit geringerem Einkommen ist darauf zu achten, dass die Fixkosten dem Einkommen entsprechend angepasst sind. Erst dann kann die Möglichkeit einer geringeren Arbeitszeit gewählt werden.

Was sich lohnt, ist, die im Leben auftauchenden Zeitdiebe, Zeitfallen und Zeitfresser kennenzulernen. Die Zeit, die wir in diese Erkenntnisse investieren, lohnt sich allemal. Wir werden viel Zeit sparen respektive unsere Zeitverwendung selbst steuern, wenn wir den Zeitdieben, wenn immer möglich, aus dem Weg gehen, Zeitfallen erkennen und ein Reintreten vermeiden, aber auch wenn wir wissen, wie wir die Zeitfresser durch geeignete Maßnahmen eliminieren können.

Zeitfallen sind Denkmuster, Gewohnheiten etc., die Zeit verbrauchen, die eigentlich so nicht notwendig wären. Sie entstehen aus unserer Psyche, sind also selbst gestrickt. Da eigene eingegangene Denkmuster nur schwer verändert werden können, ist die Vermeidung von Zeitfallen unter Umständen sehr schwierig.

Zeitfresser sind Hilfsmittel, die uns die Zeitverwendung ineffizient gestalten. Zeitfresser werden unter anderem durch den falschen Einsatz oder den Einsatz falscher Hilfsmittel verursacht. Da es sich um Einsatzmittel handelt, ist die Vermeidung von Zeitfressern relativ einfach.

Grundsätzlich ist zu diskutieren, ob Nichtstun Zeitverschwendung ist oder nicht. Wann beginnt die Zeitverschwendung? Was ist optimale Zeitnutzung? Kann das allgemein festgehalten werden oder ist das von Individuum zu Individuum unterschiedlich? Nachstehend sind einige Gedanken zu Zeitverschwendung aufgeführt. Sie sollen zu eigenen Gedanken anregen und sind nicht heilig. Zeitverschwendung wird eh nur ein Thema bei Menschen mit den häufigen Aussagen: Keine Zeit, bin immer im Stress, ich komme zu nichts, was ich gerne machen würde, kann ich nur sehr selten tun.

Zeit ist kein personifiziertes Gut und kann daher nicht im gesetzlichen Sinne gestohlen werden. Trotzdem wird uns dauernd Zeit gestohlen.

Zeitdiebe beeinflussen die Zeit durch deren Vernichtung oder Umlenkung für ihre eigenen Bedürfnisse. Wir treffen auf unserem Lebensweg auf Schritt und Tritt sogenannte Zeitdiebe. Dies sind nicht grundsätzlich kriminelle Subjekte. Es sind Menschen wie du und ich. Menschen, die durch gewisse Umstände dazu tendieren, dir Zeit zu stehlen. Wenige tun dies in manipulativer Absicht. Viele benötigen nur Hilfe in ihrer Lebenssituation. Doch aus welchen Motiven auch immer, sie stehlen dir Zeit!

Es lohnt sich, auf Zeitdiebe zu achten und sich ihnen in geeigneter Weise entgegenzustellen. Es geht um nichts Geringeres als um unsere beschränkte Lebenszeit. Zeitdiebe könnte man als Vampire bezeichnen. Vampire saugen den Lebewesen Blut aus dem Körper. Zeitvampire saugen dem Menschen seine Lebenszeit weg. Nachfolgend werden wir verschiedene Zeitvampire beschreiben. Damit haben wir die Möglichkeit, diesen Vampiren aus dem Weg zu gehen oder sie mit ihren eigenen Waffen zu schlagen.

DER PSYCHOVAMPIR

Der Psychovampir muss andere abwerten, um sich selbst gut zu fühlen. Er besteht aus verschiedenen Untertypen, die nachfolgend beschrieben werden.

Er entzieht seinem Gegenüber emotionale, psychische, mentale und oft sogar körperliche Energie. Er braucht die Energie anderer Menschen, da er seine eigenen Defizite durch andere auffüllen muss. Denn der Vampir selbst hat, wie sein Opfer, ein niedriges Selbstwertgefühl – weiß dies aber oft nicht. Daraus folgt, dass jeder selbst ein Psychovampir sein kann. Psychovampire kommen in unzähligen Gewändern vor. Vielleicht, nein, ganz sicher finden wir in unserem Umfeld oder bei uns selbst einige Eigenschaften der nachfolgend aufgeführten Vampirtypen. Nehmen Sie es gelassen und achten Sie in Zukunft auf diese Verhaltensmuster.

Der Fallstrick-Vampir, der sich selbst überschätzt, selten Widerspruch zulässt, uneinsichtig ist, alles besser weiß und sich unersetzlich fühlt, ist ein narzisstischer Despot. Opfer – wie Mitarbeitende – können es ihm nie recht machen, sie sind mit ihm als Chef häufig in einer Falle. Er legt seinen Opfern einen Strick um den Hals, indem er seine sofortige Triebbefriedigung an seinen Opfern auslässt.

Der Fallstrick-Vampir ist eine narzisstische Persönlichkeit, die meint, ihre Belange seien von größerer Relevanz als die Probleme anderer. Er kann sich nicht genügend in die Welt seiner Mitmenschen einfühlen und reagiert gleichzeitig überempfindlich auf Negativurteile von anderen. Wut und Abwertung sind seine gängigsten Reaktionen auf Kritik von seiner Umwelt. Da kein rationaler Grund für dieses Misstrauen gegenüber anderen vorliegt, kann ihm paranoides Verhalten vorgehalten werden.

Opfer des Fallstrick-Vampirs brauchen viel Lob und suchen den Grund des Scheiterns bei sich selbst. Sie möchten es dem ihm immer recht machen und haben, wie der Vampir, wenig Selbstwertgefühl. Ihr Grundverhalten ist oft eine Idealisierung des

Vampirs, da häufig gar nicht erkannt wird, dass der Fallstrick-Vampir selbst unter mangelndem Selbstbewusstsein leidet.

Der depressive Vampir scheint ständig zu leiden und lässt dies andere spüren. Er erwartet von anderen Personen Aufmunterung.

Der Experten-Vampir hat keine Ahnung, hält sich aber in allen Fragen für kompetent und nervt mit Besserwisserei.

Der Kühlschrank-Vampir ist ein emotional stark unterkühlter Typ, der vor allem sach- und personenorientiert funktioniert.

Der Ja-aber-Vampir ist das Gegenteil des Fallstrick-Vampirs. Er ist entscheidungsschwach, braucht ständig Rat anderer und viel Lob. Er ist oft unmotiviert und von Selbstzweifeln geplagt. Sein Leitsatz als Reaktion auf die Ideen anderer beginnt mit «Ja, aber ...».

Dem Denkmalpflege-Vampir wäre es am liebsten, wenn die Welt für ihn stehenbliebe. Er folgt seinem Leitsatz «Das haben wir schon immer erfolgreich so gemacht» und hasst Veränderungen. Die Zeiten ändern sich für ihn nicht. Zu ihm existiert ein hervorragendes Buch: «Who moved my cheese» vom Autor Spencer Johnson

Der Himalaja-Vampir will im Leben hoch hinaus und immer wieder den nächsten Gipfel erklimmen. Er tut dies mit einer seine Umwelt erstickenden Erwartungshaltung. Ob von den eigenen Kindern oder den Mitarbeitern, er verlangt von den anderen Personen meist unmögliche Leistungen. Und falls diese unerwarteter Weise dann doch erreicht werden sollten, wertet er sie ab mit den Worten: Das kann ja jeder, das war gar nicht so schwierig.

Wie Sie sehen können, sind die Psychovampire vielfältig, ebenso vielfältig wie ihre Tricks, Ihnen die Zeit zu rauben. Achten Sie daher auf diese, aber auch darauf, ob Sie gewisse Muster bei Ihnen erkennen können. Versuchen Sie dann, diesen Zustand zu verlassen, und behandeln Sie den anderen so, wie Sie behandelt werden möchten.

Darin, Zeit zu verlieren, falsch zu investieren, zu vergeuden und totzuschlagen, ist der Mensch schon fast Weltmeister. Warum fällt es uns so schwer, die Irrtümer bezogen auf unsere eigene Zeit zu erkennen und aus diesen Irrtümern auszubrechen?

Wie heißt es in einem Sprichwort so treffend: Unser Leben ist nicht zu kurz, wir fangen nur zu spät an, es zu leben.

Zeitfallen werden vielfach von uns selbst gelegt. Wir haben dabei die Eigenschaft, völlig unbedarft, aus Unkenntnis oder wegen unserer blinden Flecken in Zeitfallen zu treten, aus denen wir dann kaum mehr aus eigener Kraft rauskommen. Daher ist es wichtig, zumindest einige der Zeitfallen zu kennen, um dieses Reintreten zu verhindern. Gründe, in eine Zeitfalle zu treten, sind Eitelkeit, Überheblichkeit, Selbstüberschätzung, Arroganz oder Selbstaufopferung. Dies äußert sich in Aussagen wie:

› Ich kann es am besten.
› Seit 20 Jahren mache ich das schon so, das muss gut sein.
› Was will denn der mit seinen jungen Jahren, hat ja kaum meine Erfahrung?
› Ich möchte es allen recht machen.
› Vielleicht genüge ich in der Familie, in der Gesellschaft, im Arbeitsleben nicht.

Diese Zeitfallen verhindern nicht nur, dass wir uns Zeit schaffen für andere Tätigkeiten, wir verbauen uns eine Entwicklung, die geschehen würde, würden wir uns dem Neuen öffnen. Es gibt Gründe, diese Zeitfallen nicht zu sehen und sie nicht mehr aus eigener Kraft verlassen zu können. Vielfach ermöglicht erst die Erkenntnis, sich in der Zeitfalle zu befinden, die Möglichkeit, sich daraus zu befreien.

Im Arbeitsleben äußert sich die Zeitfalle häufig bei länger dauernden Projekten und den damit zusammenhängenden fern liegenden Projektzielen. Wenn der Endtermin zur Erfüllung eines Ziels, also zur Erlangung eines Ergebnisses, noch weit weg scheint, werden die Arbeiten eher langsam und zögerlich angegangen, um dann im Endspurt zu bemerken, dass kaum mehr genug Zeit für die Ablieferung einer qualitativ hochwertigen Arbeit zur Verfügung steht. Diese Falle schnappt immer wieder zu.

Getrieben von der Meinung, dass das Weitergeben des Wissens zu lange dauert und im Moment eher ungünstig ist, werden die anfallenden Arbeiten selbst erledigt. Dabei denken wir zum Beispiel: Ich möchte den anderen nicht belasten, er hat ja selbst schon viel Arbeit, bis ich es erklärt habe, habe ich es selbst gemacht. Die Konsequenz daraus ist die, dass die Aufgabe immer beim ursprünglichen Tätigkeitsinhaber verbleibt. Ein Freischaufeln von Zeit für neue Aufgaben ist so kaum möglich. Zeitnot, Zeitknappheit oder die Aussage keine Zeit sind mögliche Folgen. Eine Beförderung kann aufgrund der Unentbehrlichkeit an der Arbeit kaum erfolgen.

Der Fokus auf die Arbeit, die ansteht, anstelle auf die Arbeit, die abgegeben werden kann, ist dabei selbstredend hinderlich. Wir konzentrieren uns auf alles, was noch gemacht werden muss, anstatt auf das, was abgegeben, weggelassen werden kann.

Angst ist ein schlechter Ratgeber, das wissen die meisten Menschen. Trotzdem ist Angst eine der am weitesten verbreiteten Zeitfallen. Aus Angst vor wenig Geld, Arbeitsplatzsicherung, Angst vor der sozialen Isolation wird viel Zeit in die Arbeit investiert. Dies hat ein großes Potenzial, dazu zu führen, dass wir uns unseres Lebens nicht mehr freuen können und viel Zeit in die Vermeidung dieser Ängste investieren.

Wir benutzen gerne Instrumente, um Zeit zu sparen. Vielfach rauben uns diese Instrumente hingegen mehr Zeit, als wir damit einsparen können. Ein wichtiger Vertreter dieser Instrumente ist das Smartphone.

Immer und überall verfügbar zu sein, sprich. immer und überall dabei sein zu wollen, nichts zu verpassen, was vielleicht wichtig ist, Angst etwas zu verpassen, was vielleicht wichtig ist.

Es lohnt sich, eingefahrene Gewohnheiten (sogenannte Denkmuster) zu erkennen und zu hinterfragen. Beispielsweise: Ich kann dies und das nicht! Ich werde das nie lernen! Wenn ich das sage, werden mich alle hassen.

Unwissenheit kann ebenfalls Zeitverlust durch langwierige Erklärungen eines Themas, dass man selbst noch nicht ausgereift verstanden hat, verursachen. Eine Faustregel verdeutlicht diesen Zeitverlust: Was du nicht in fünf Minuten erklären kannst, hast du selbst noch nicht begriffen oder es ist zu kompliziert.

Wir glauben vielfach, dass wir viel Zeit mit einer gewissen Aktivität verlieren. Warum glauben wir das, was könnten Gründe dafür sein? Wann verlieren wir denn Zeit? Vielleicht dann, wenn die Wahrnehmung vorherrscht, dass einem zu wenig Zeit für eine Tätigkeit bleibt? Kann man denn Zeit wirklich verlieren? Schauen wir uns doch diesen wichtigen Aspekt genauer an. Ist diese verlorene Zeit nicht gelegentlich schon gut investiert gewesen?

Üben wir eine Tätigkeit ohne geeignete Ausbildung oder Instruktion aus, können wir viel mehr Zeit dafür aufwenden, als es eigentlich notwendig wäre. Wie viele Menschen verharren in einem Job, der ihnen überhaupt nicht entspricht. Sie arbeiten darin wegen des Geldes, wegen des Ansehens oder weil irgendjemand das so will.

Wollen wir überall dabei sein und alles haben, braucht das viel von unserer Lebenszeit.

Wenn wir unter Zeitdruck stehen, vor allem wenn der Zeitdruck durch Eigenverschulden entsteht, können wir uns meistens kaum mehr aus dieser Zeitfalle befreien. Der Mechanismus hat seine Ursache unter anderem in einer unserer spezifischen Charaktereigenschaft. Ein fürsorglicher, es allen recht machen wollender Mensch wird sich sagen, dass er diese Arbeit, die ihn gerade überlastet, nicht abgeben kann, da die andere Person schon viel zu tun hat. Ein perfektionistischer Mensch wird argumentieren, dass er diese Arbeit noch besser machen kann. Daher wird die Arbeit nie fertig.

Eine weitere Eigenschaft, die der Übervorsorge, verhindert die Arbeitsdelegation. Ich helfe gerne und immer. Wenn wir mal in dieser Schleife drin sind, besteht höchstens die Chance, dass ein Außenstehender uns da raushelfen kann. Wir selbst können es kaum, denn wir sind in diesem Loch gefangen. Bevor uns nicht jemand hochhebt, damit wir aus dem Loch sehen können, kommen wir da nicht mehr raus.

DER IRRTUM ZEITEINSPARUNG

Unsere Bemühungen, immer wieder Zeit einzusparen, scheitern häufig an unseren Voraussetzungen. So wird die eingesparte Zeit beim Abwaschen durch die Geschirrwaschmaschine ermöglicht, durch den höheren Fernsehkonsum wieder aufgefressen. Was die eingesparte Arbeitszeit eingespart hat, fressen Hobbys wieder auf. Die Quintessenz davon ist, dass kaum Zeit frei bleibt, um nichts zu tun.

Unser Zeitbedarf hat aber auch direkt mit unserem Konsumverhalten zu tun. Ist unser Konsumverhalten ausgeprägt und auf teure Artikel konzentriert, muss sehr viel Zeit für die Beschaffung von Geld zur Deckung der Kosten aufgewendet werden. Ist das Konsumverhalten reduziert und werden nur die allerwichtigsten Artikel gekauft, sinkt der dafür aufzuwendende Zeitaufwand. So einfach das klingt, so wenig scheint das im Bewusstsein der Menschen verankert zu sein. Wenn die Bedürfnisse groß und die Möglichkeiten, Geld zu verdienen, klein sind, muss sehr viel Zeit für die Geldbeschaffung aufgewendet werden. Dadurch fehlt die Zeit, dem Konsum nachzugehen – eine Negativschleife die zu einer gewissen Unzufriedenheit führen kann.

Wenn der Lohn aufgebraucht ist und noch viel Monat übrigbleibt, hat die Geldeinteilung nicht funktioniert. Der Abschnitt ist keine Anleitung zu einer Schuldenregulierung, er befasst sich nur mit dem Aspekt Zeit. Da Zeit in gewisser Weise Geld kostet, kann je nach Zeitverwendung natürlich das Resultat eine Schuldensanierung sein.

MEHR ZEIT ZU LEBEN

Um mehr Zeit im Leben zu haben, hilft es, sich der Lebenserwartung bewusst zu sein, Seine Sorgen und Wünsche zu kennen, der Bedeutung und dem Sinn jedes Einzelnen Rechnung zu tragen.

Ein Beispiel aus einer Vorlesung einer Universität zeigt auf, was wir bei unserem Lebensaufbau befolgen sollten.

Ein Professor zeigt seinen Studenten ein leeres, sauber gewaschenes Marmeladenglas. Dann legt er bis zum oberen Rand des Glases große Steine rein. Nun fragt er seine Studenten: Ist das Glas voll? Ja, sagen diese. Da leert der Professor kleinere Steine in das Glas, welche die Zwischenräume der großen Steine füllen. Wieder fragt er seine Studenten: Ist das Glas jetzt voll? Ja, sagen diese. Da leert der Professor Sand in das Glas, welcher wiederum in die noch vorhandenen Zwischenräume sickert. Wieder fragt er seine Studenten: Ist das Glas jetzt voll? Unsicher fragen sich diese, was nun noch ins Glas passen würde.

Da erklärt der Professor: Die großen Steine im Leben sind Eure Familie, Eure Freunde, die sollte man zuerst ins Lebensglas füllen. Die kleineren Steine sind Mitmenschen, die im Umfeld von Euch leben. Der Sand repräsentiert die Wünsche, auf die Ihr verzichten könntet oder die Ihr Euch zum Schluss noch erfüllen wollt. Wenn Ihr nun die unwichtigen Wünsche, den Sand zuerst einfüllt, bleibt kein Platz mehr für die großen Steine wie Familie, Freunde und Mitmenschen. Es lohnt sich, im Leben die Prioritäten bewusst zu setzen.

Bewerten
Sie dieses Buch
auf unserer
Homepage!

www.novumverlag.com

Der Autor

Walter Zimmermann, 1957 in Schwändi, Glarus-Süd in der Schweiz geboren, ist diplomierter Wirtschaftsinformatiker. Der Aufstieg vom Feinmechaniker zum Abteilungsleiter der IT einer großen Bank und die damit zu bewältigenden Zeitaufwändungen zeichnen ihn aus. Walter Zimmermann hat immer schon gerne geschrieben und verfasste seit 2010 verschiedene Manuskripte zu den Themen Zeit, Energie in der Unternehmung und Ruhestand. In „Kaum Zeit zu leben" beschäftigt er sich mit der begrenzten Lebenszeit von uns Menschen.

novum VERLAG FÜR NEUAUTOREN

Der Verlag

*Wer aufhört
besser zu werden,
hat aufgehört
gut zu sein!*

Basierend auf diesem Motto ist es dem novum Verlag ein Anliegen, neue Manuskripte aufzuspüren, zu veröffentlichen und deren Autoren langfristig zu fördern. Mittlerweile gilt der 1997 gegründete und mehrfach prämierte Verlag als Spezialist für Neuautoren in Deutschland, Österreich und der Schweiz.

Für jedes neue Manuskript wird innerhalb weniger Wochen eine kostenfreie, unverbindliche Lektorats-Prüfung erstellt.

Weitere Informationen zum Verlag und
seinen Büchern finden Sie im Internet unter:

w w w . n o v u m v e r l a g . c o m